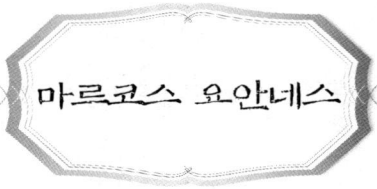

제1권

마르코스 요한네스 **제1권**

초판인쇄 2011년 6월 7일
초판발행 2011년 6월 11일

지 은 이 김 성 일
발 행 인 박 경 진
펴 낸 곳 도서출판 진흥

주소 (130-812) 서울특별시 동대문구 신설동 104-8
전화 영업부 2205-5113 편집부 2230-5155
팩스 영업부 2205-5112 편집부 2230-5156
전자우편 publ@jh1004.com
홈페이지 www.jh1004.com
ISBN 978-89-8114-363-3
ISBN 978-89-8114-362-6

정가 / 11,000원

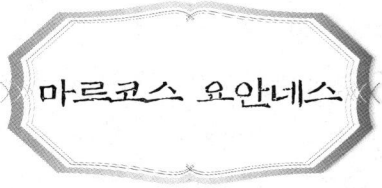

마르코스 요안네스

김성일 신작 장편소설

제1권

 책 머 리 에

　어렸을 때 교회를 떠났다가 어떤 특별한 사정으로 나이 40이 되어 다시 성경을 붙잡게 된 나의 관심은 오직 예수 그리스도 뿐이었다. 구약 성경의 모든 내용이 예수 그리스도와 관계되어 있었고, 심지어는 학교에서 배운 역사, 과학, 수학 등 모든 것들도 다 예수 없이는 의미가 없었다. 그러다가 어느날 갑자기 나는 그분과 관련된 인물들에 관심을 갖기 시작했다.
　"복음서를 처음 기록한 마르코스 요안네스는 어떤 사람일까?"
　한번 호기심을 가지면 끝까지 파고드는 별난 성격 때문에 나는 즉시 마르코스 요안네스에 매달리기 시작했다. 그러나 우선 성경에서 찾아낸 마르코스 요안네스의 인상은 매우 특이한 것이었다.
　"한 청년이 벗은 몸에 베 홑이불을 두르고 예수를 따라갔다가 무리에게 잡히매 베 홑이불을 버리고 벗은 몸으로 도망하니라" (막 14:51-52)
　그가 바로 마르코스 요안네스였다. 다음 기록은 더 특이했다.
　"요한은 그들에게서 떠나 예루살렘으로 돌아가고" (행 13:13)
　이 요한은 마르코스 요안네스를 말하는 것이었다. 그는 파울루스와 바나바의 전도 여행에 따라나섰다가 예루살렘으로 돌아가버렸던 것이다. 이 일 때문에 두 번째 여행을 떠날 때에는 파울루스와 바나바가 심하게 다툰다.
　"바나바는 마르코스라 하는 요한도 데리고 가고자 하나 파울루스는 팜필리아에서 자기들을 떠나 함께 일하러 가지 아니한 자를 데리고 가는 것이 옳지 않다 하여 서로 심히 다투어 피차

갈라서니"(행 15:37-39)

그런데 또 페트로스는 그를 자기 아들이라고 했다.

"내 아들 마르코스도 그리 하느니라"(벧전 5:13)

더 이상한 것은 로마에 간 파울루스가 그에게 특별한 임무를 주어 콜로사이로 보내고 콜로사이 교회에는 그를 잘 대접하라고 지시한다.

"마르코스에 대하여 너희가 명을 받았으매 그가 이르거든 영접하라"(골 4:10)

뿐만 아니라 파울루스는 그가 두 번째 수감되어 곧 처형될 것을 예감하고 있을 때 티모데오스에게 편지를 보내 그를 데려오라고 했다.

"네가 올 때에 마르코스를 데리고 오라 그가 나의 일에 유익하니라"(딤후 4:11)

도대체 마르코스 요안네스는 어떤 사람인가? 작가로서의 내 관심은 결국 마르코스 요안네스를 만나보기로 했다. 그가 처음 도망친 AD 30년부터 파울루스를 따라 나섰던 AD 47년까지 어디서 무엇을 했고, AD 62년 파울루스의 부탁을 받고 콜로사이에 갈 때까지는 또 어디에 있었는가? 그의 행적을 추적하다가 나는 생각지도 못했던 엄청난 모험 속으로 끌려들어가게 되었다. 나는 이제부터 독자 여러분을 다시 그 모험 속으로 끌어들이려 한다.

김 성 일

일러두기

1. 이 소설에 나오는 인명과 지명 중 유대 쪽의 것은 대부분 개역 한글판 성경의 표기를 따랐으나 헬라적 의미가 강한 이름은 헬라어 발음을 따랐음.
   (예: 마가 요한 → 마르코스 요안네스)

2. 신약 성경의 원문에서 헬라어로 표기된 이름도 로마적으로 사용된 이름은 로마식으로 표기했음.
   (예: 로마 시민권을 가진 파울로스 → 파울루스)

3. 한글 개역 성경에서 편의상 두음 법칙을 썼던 이름은 본래대로 바로잡았음.
   (예: 나사로 → 라사로)

4. 이 소설의 소재는 신·구약 성경을 바탕으로 하고, 요세푸스의 '유대고대사' 유세비우스의 '교회사' 그리고 외경 '베드로 행전'과 야고부스 데 보라기네의 '황금전설'을 참고로 했으나, 이미 발표된 기타 공식 자료에 없는 인물이나 사건은 모두 소설의 극적 구성을 위해 사용한 필자의 픽션임.

소설 '마르코스 요안네스' 관련 연표

AD 30	예수 그리스도의 고난과 부활
AD 37	카이우스 황제 즉위
AD 41	클라우디우스 황제 즉위
AD 47-48	파울루스의 1차 전도 여행
AD 49	예루살렘 공회
AD 50-52	파울루스의 2차 전도 여행
AD 53	파울루스의 3차 전도 여행 출발
AD 54	네로 황제 즉위
AD 58	파울루스, 예루살렘에서 체포됨
AD 60	파울루스의 로마 도착
AD 62	야고보의 순교
AD 63	파울루스 석방
AD 64	로마 대화재
AD 67	파울루스 재투옥, 순교
AD 68	페트로스의 순교, 네로 자살, 갈바 황제 즉위
AD 69	오토, 비텔리우스, 베스파시아누스 황제 즉위
AD 70	예루살렘 함락

등장인물 소개

마르코스 요안네스	복음서 '카타 마르콘'의 저자
아폴로스	마르코스의 친구
게메로스	마르코스의 친구
율리아	수리아의 보안대 요원
아레스	아폴로스의 조카
로데	마르코스의 모친 마리아의 양녀
페트로스	나사렛 예수의 제자
파울루스	율법학자에서 회심한 이방 전도자
바나바	마르코스의 외삼촌
루카스	필립포이 출신의 의사
마태오스	나사렛 예수의 제자
요한	나사렛 예수의 제자

1
마르코스 요안네스

 시끄러운 소리들이 겨우 어둠 속에 가라앉고 있었다. 밤늦도록 켜져 있던 거리와 시장의 등불들이 다 꺼지면서 꿈틀거리던 도시는 짐승처럼 엎어져 깊은 잠에 빠져들었다. 밤하늘에 힘겹게 매달려 있던 별들이 기다렸다는 듯 잠든 도시에 스며들기 시작했다. 그 별빛들을 비켜가며 조금씩 움직이는 것이 있었다.
 "빨리 와."
 낮게 소근대는 소리와 함께 또 하나의 움직임이 그 뒤를 따랐다. 움직이고 있던 두 그림자는 큰 길을 피해 골목길로 접어들었다. 수학자들의 도시 알렉산드리아는 골목길까지도 기하학적으로 반듯하게 설계되어 있었다.
 "여기가 맞지?"
 희끄무레한 건물의 창 아래 멈추어 선 하나가 그렇게 중얼거리더니 손가락을 들어 올려 머리 위의 창틀을 톡톡, 두 번 두들겼다.
 "마르코스."

안에서는 아무런 기척도 없었다.
"나야, 마르코스."
한번 더 불렀을 때 대문이 가만히 열리며 한 젊은이가 빠져나왔다.
"가면 되는 거야, 게메로스?"
"쉿……."
어둠 속에서도 게메로스는 버릇처럼 손가락을 입에 댔다. 두 사람은 건물 안에서 나온 젊은이를 데리고 왔던 길을 다시 되돌아 나가기 시작했다.
"이미 시작되었어."
"뭐가?"
"유대인과 헬라인의 전쟁."
질서 정연하게 배치된 길과 골목마다 지금 움직이고 있는 것은 그들 셋만이 아니었다. 모든 길과 골목들 여기저기에 은밀하게 옮겨다니는 그림자들이 있었던 것이다. 그들은 모두 손에 무엇인가를 들고 있었다. 몽둥이를 움켜쥔 사람도 있고 도끼나 칼을 든 사람도 있었다.
"우리도 유대인이면서 여길 빠져나간다는 것이……."
마르코스가 중얼거렸다.
"꼭 도망치는 것 같아서 어쩐지 좀 꺼림칙하군."
어디선가 짤막한 비명 소리가 터져나왔다.
"으윽!"
소리가 흩어지는 어둠 속을 응시하며 마르코스가 물었다.
"어느 쪽이지, 아폴로스?"

아폴로스라고 불리운 젊은이가 대답했다.

"무세이온 쪽인 것 같아."

정복자 알렉산더가 죽은 후 애굽의 총독 자리를 차지했던 소테르 장군은 그가 의도했던 대로 프톨레마이오스 왕조를 세웠다. 그가 수도 알렉산드리아에 세운 박물관 겸 학자들의 연구기관이 무세이온이었다.

"도서관이 위험할 것 같은데."

무세이온과 함께 세운 비블리오테케는 프톨레마이오스 1세와 그 아들 프톨레마이오스 2세가 극성스럽게 수집한 75만 권의 서적을 보관하고 있는 도서관이었다. 아폴로스가 한숨을 쉬었다.

"또 책들이 수난을 당하는 건가?"

로마의 집정관 율리우스 카이사르가 클레오파트라 7세의 편이 되어 그녀의 아우 프톨레마이오스 13세와 싸울 때 헬라의 학문에 열등감을 지녔던 로마 군대는 비블리오테케에 불을 질렀다. 도서관의 귀중한 두루마리들이 5만 권 이상 소실되었던 그 재난은 88년 전에 일어났다.

"이번에는 책들이 무사할 수도 있어."

"왜?"

"헬라인도, 유대인도 자신들의 유산을 함부로 태우지는 않을 테니까."

알렉산드리아에는 애굽인과 헬라인 그리고 유대인, 가나안인과 로마인들이 섞여 살고 있었다. 그들 중 지금 암투를 벌이고 있는 집단은 헬라인과 유대인이었다. 도서관에는 헬라의 학술 서적뿐만 아니라 유대인 학자들 72명이 헬라어로 번역한 성경도 보관되어 있었던 것이다.

"아악!"

또 비명 소리가 들려오자 마르코스가 말했다.

"이번엔 세라피온 쪽이었어!"

세라피온은 프톨레마이오스 왕조가 수호신으로 받드는 세라피스의 신전을 말하는 것이었다. 아폴로스가 떨리는 목소리로 가늘게 부르짖었다.

"그럼 세라피온의 도서관으로?"

세라피온에 제2의 도서관이 생긴 것은 프톨레마이오스 3세 때였다.

"도대체 유대인들은 왜 이제 와서 난리야?"

프톨레마이오스 왕조가 세라피스 신전을 세운 것은 본래 애굽인과 헬라인 사이에 신앙적인 공감대를 마련하기 위한 것이었다. 그러나 바로 그 일이 전통적으로 우상을 싫어하는 유대인들의 반감을 샀던 것이다. 당시에는 헬라 왕조의 위세에 눌려 침묵했던 유대인들이 신전을 세운 지 350년이나 지난 이제 와서 로마 군대의 동조를 기대하며 불만을 터뜨리고 있었다.

"표면적 이유는 헬라인들이 유대인 지역을 침범했다는 건데."

프톨레마이오스 1세는 인종 간에 일어날 수 있는 분쟁의 소지를 미리 없애려고 그들의 주거 지역을 구분해서 갈라놓았던 것이다.

"실은 곡물의 교역 문제라며?"

유대인들은 오래 전부터 애굽에서 생산되는 곡물의 교역을 주도해 왔다. 그러나 프톨레마이오스 시대 이후로 점점 세력이 커지고 있는 헬라인들이 유대인들의 통제를 벗어나 곡물 가격의 조작과 선적을 제멋대로 하고 있었다.
"쉿, 조용히 해."
게메로스가 또 자신의 손가락을 입에 대며 소곤거렸다.
"우린 빨리 부두 쪽으로 빠져나가야 해."
아폴로스의 염려가 계속되었다.
"더 이상 큰 폭동으로 확대되지는 말아야 할 텐데."
아버지를 두고 떠나는 그의 근심을 이해한다는 듯 마르코스가 말했다.
"플라쿠스 총독이 중재를 잘 하겠지."

마르코스 요안네스

　유대인들이 애굽과 관계를 맺기 시작한 것은 그들의 조상이라고 하는 아브라함 때부터라고 할 수 있었다.
　"지금 우리 모양새가 꼭 아브라함이 애굽을 떠나는 대목 같군."
　"그 때는 몰래 빠져나가지 않았어."
　가나안 땅에 기거하던 아브라함의 일행은 기근을 피해 애굽 땅으로 내려갔다. 애굽 왕이 그들을 자신의 수하에 복속시키려고 하자 아브라함의 아내 사라가 애굽 왕을 설득하여 그곳을 빠져 나왔던 것이다.
　"요셉도 애굽에 들어갔었는데."
　아브라함의 증손 요셉은 형제들의 미움을 받아 애굽에 팔려갔다가 출세하여 애굽의 총리가 되었다. 그로 인해 요셉의 부친 야곱과 그 가족이 모두 기근을 피해 애굽에 들어가 살게 되었던 것이다.
　"그 후로 우리 조상들이 애굽에서 430년을 살았지."

처음 내려갈 때에는 70명이었던 야곱의 혈속이 그동안 번성하여 2백만 명이나 되는 큰 민족을 이루게 되었다.

"그러나 노예로 살았어."

요셉이 죽은 후 들어선 새 왕조는 그 유랑민의 후손들이 번창하자 그들을 핍박했다. 야곱의 자손들은 400년 동안 신전과 피라미드를 건축하는 노예로 혹사당하다가 모세라는 지도자의 인도로 애굽을 탈출했던 것이다. 유대인들은 그 날을 유월절이라는 명절로 지키고 있었다.

"그러고 보니 유월절도 며칠 안 남았네."

닷새 후면 그 날이었다.

"유대인들은 처음부터 유랑민의 운명을 타고난 것 아닐까?"

애굽을 탈출한 유대인들이 가나안 땅에 다시 들어가 세운 이스라엘 왕국의 번영은 다윗의 아들 솔로몬 때에 최전성기를 이루었다. 그러나 왕국의 영화를 떠받치는 백성들의 부담과 고역도 극심해지고 있었다.

"솔로몬 왕의 타락 때문에,"

백성들의 부담을 딛고 영화를 누렸던 솔로몬은 1천 명의 이방 여인을 데리고 살다가 가나안의 장사꾼들이 만들어낸 여신 아스다롯을 섬기기 시작했다. 아스다롯은 헬라인들이 좋아하는 사랑의 여신 아프로디테, 즉 로마에 가서 베누스가 되고 애굽에서 하트호르가 된 그 여신의 원형이었다.

"왕국이 분열되면서 유랑의 운명은 다시 시작되었지."

백성들의 불만을 대변하다가 솔로몬의 미움을 산 여로보암은 애굽으로 피신했다가 그가 죽은 후에 귀국하여 북쪽의 사마리아에 새 왕국을 세웠다. 12지파 중 10지파가 그를 따랐기 때문에 이스라엘이라는 이름은 여로보암의 북왕국이 차지했고 남왕국은 유다가 된 것이었다.

"불사조의 역습이 성공했던 거야."

유대인들에게 정복당한 가나안 사람들의 남은 땅 곧 레바논 산맥 서쪽의 해변을 헬라인들은 페니키아라고 불렀다. 붉은 옷감을 만드는 곳이라는 뜻이었다. 그 페니키아 사람들이 만들어 낸 신화 속의 새가 페닉스라는 불사조였다.

"그 새를 타고 이세벨이 날아들었으니까."

페니키아의 공주 이세벨은 북왕국의 아합 왕과 결혼하여 레위 출신의 제사장 6만명을 살해하고 가나안의 신들을 끌어들였다. 아버지 엘 신을 추방하고 권력을 잡았다는 바알 신과 그의 아내 아세라 여신이었다.

"여호사밧이 그녀의 올무에 걸렸지."

남왕국의 여호사밧 왕은 민족의 통일을 위해 정략결혼을 추진했다. 그가 북왕국에서 며느리로 맞아들인 아달랴는 아합 왕과 이세벨의 딸이었다. 그 아달랴는 다시 남쪽에도 가나안의 신들을 끌어들였다.

"그 때 이미 하나님의 나라는 사라진 거야."

하나님을 버린 북왕국은 앗수르에 정복되었고, 남왕국은 바벨론에 멸망당했다. 백성들의 일부는 애굽으로 피난했고 또 일부는 바벨론으로 끌려갔다. 그 때부터 나일 강 하구의 삼각주 지역에 유대인들의 거주지가 생겼던 것이다.

"유대인은 다시 유랑민이 되었지."

알렉산더 시대에 유다는 헬라어로 유대아가 되었다. 그가 죽자 유대는 애굽 총독 소테르 장군의 관할이 되었다. 후일 프톨레마이오스 1세가 된 그는 많은 유대인을 알렉산드리아에 정착시키고 헬라인과 동등한 권리를 주었다. 그러나 수리아 지역에서는 셀류코스 장군이 안티오쿠스 왕조를 세웠고 안티오쿠스 3세는 프톨레마이오스 5세에게서 유대 지역을 빼앗았다.

"끔찍한 세월이 시작되었지."

안티오쿠스 4세는 유대인을 가장 잔혹하게 다룬 폭군이었다. 그는 예루살렘 성전에 제우스 신상을 세우고 유대인들이 부정하게 여기던 돼지의 피를 뿌렸다. 또 할례 금지령을 어긴 제사장들과 아이들을 모두 학살했다.

"그래도 유대인에게는 기회였는데."

제사장 맛다디아의 아들 유다 마카비는 반란을 일으켜 성전을 회복하고 하스몬 왕조를 세웠다. 그러나 바리새파와 사두개파로 갈라져 싸우다가 가문의 사위로 들어온 이두매인 헤롯 1세에게 권력을 넘겨주게 되었다. 로마의 핵심 세력과 가까웠던 헤롯 1세는 아우구스투스 황제로부터 유대 왕의 칭호를 얻어냈다.

"헬라인과 유대인…… 어느 쪽이 이기게 될까?"

마르코스가 그렇게 중얼거리자 아폴로스가 되물었다.

"어느 편이 이기면 좋겠어?"

그들 세 젊은이는 비록 유대인 출신이었으나 무세이온의 탁월한 학자들로부터 헬라의 수학과 철학을 공부하고 천문학과 논리학을 익혔기 때문에 심정적으로는 헬라인 편이었다. 유대인들이 애굽 땅에서 헬라인보다 오래 살았다는 것만으로 그들의 학문과 지식을 시기하거나 무시하는 텃세는 납득할 수 없었다.
"그것보다는……"
마르코스가 질문에 비켜가며 말했다.
"카이우스가 얼마나 더 갈 것이냐는 것이 문제야."
티베리우스 황제의 종손인 카이우스는 황제의 친손자 티베리우스 2세를 제치고 후계자가 되었다. 그는 황제가 되자 유피테르 신의 아우를 자처하는 등 기행을 시작했다. 유피테르는 헬라의 제우스와 같은 로마의 주신이었다. 그는 제우스의 행태를 따라 누이들과의 근친상간을 일삼으며 자신을 신격화했다.
"칼리굴라가,"
사람들은 그를 칼리굴라라고 불렀는데 이는 작은 군화라는 뜻이었다.
"유대를 공격하라고 명령했다면서?"
그는 모든 속주에 자신의 신상을 세우고 신전을 건축하게 했다. 그리고 우상을 싫어하는 예루살렘에 먼저 세우라고 명령했다. 유대 백성들이 가만히 있을 리가 없었다. 유대인들의 반대가 거세지자 카이우스는 수리아 총독 페트로니우스에게 유대에 대한 공격 명령을 내렸던 것이다.
"예루살렘의 제사장들이 황제에게 항의 서한을 보냈다더군."
유대뿐 아니라 수리아와 바벨론 등 모든 지역에서 유대인 폭동이 일어났다. 이번의 알렉산드리아 사태도 그와 무관하지 않았다.
"수리아 총독 페트로니우스는 왜 공격을 미루고 있을까?"
"기후가 나쁘다는 핑계로 버티는 모양인데."

알렉산드리아 총독 플라쿠스도 역시 마찬가지였다. 그는 일단 헬라인 대표 아피온과 유대인 대표로 저명한 학자 필로를 황제에게 파견해 놓고 카이우스 신전의 건축을 미루고 있었다. 이번 유대인들이 헬라인들에게 시비를 걸고 있는 것도 사실은 카이우스 신전의 건립을 막기 위한 압력이었던 것이다.

"자, 빨리 뛰자."

마침내 골목길을 빠져나와 상가와 하역장을 거쳐 바닷가에 도착한 그들은 부두에 정박하고 있는 상선 베레니케 호를 향해 뛰었다. 선창에는 이미 게메로스의 부친 달로스가 나와 그들을 기다리고 있었다.

마르코스 요안네스

　서늘한 바람을 비껴 받으며 상선 베레니케 호는 알렉산드리아 항을 벗어나고 있었다. 조금씩 밝아오는 지중해의 하늘을 눈망울에 담은 마르코스가 날리는 머리카락을 손가락으로 쓸어넘겼다.
　"세월이 빨리도 지나가 버렸군."
　알렉산드리아에서 태어난 곱슬머리의 아폴로스가 점점 멀어지는 파로스의 등대를 바라보며 그 말을 받았다.
　"그래도 보람 있는 세월을 보낸 거 아니야?"
　지난 10년의 세월을 생각하고 있던 마르코스가 웃으며 몸을 돌이켰다.
　"네 아버지 덕이었지."
　아폴로스의 부친 요아스가 그들을 무세이온에 입학할 수 있도록 알선해 주었던 것이다. 멀어져가는 항구에 눈을 주며 아폴로스가 말했다.
　"생각할수록 알렉산더는 대단한 인물이었어."

마케도니아 왕 필리포스 2세가 암살당한 후 20세의 나이로 그 뒤를 이은 알렉산더는 헬라스 연맹의 맹주로 선출된 지 3년 만에 페르시아의 대군을 격파하고 페니키아와 수리아를 점령했다. 그리고 다시 남쪽의 애굽을 정복하여 나일 강 하구에 알렉산드리아를 건설했던 것이다.

"그가 알렉산드리아를 건설한 것이 24세 때였지."

마르코스가 그를 보며 웃었다.

"역시 네 관심은 건설 쪽에 있구나."

아폴로스의 부친 요아스는 알렉산드리아에서 여러 중요한 건설 공사에 참여하고 있는 건축 기술자였다.

"알렉산더가 알렉산드리아를 건설하고 거기에 프톨레마이오스 1세가 무세이온을 세웠기 때문에 응용수학이 발전할 수 있었어. 건축의 기초는 수학이거든."

"문명의 기초가 수학에 있다는 것을……"

마르코스가 고개를 끄덕이며 유클리드처럼 말했다.

"이렇게 확실히 증명하였다."

그들이 무세이온에서 10년 동안 주로 공부한 것은 수학이었고 알렉산드리아가 자랑스럽게 내세우는 최고의 수학자가 유클리드였다.

"측량의 기준이 그의 수학에 있었으니까."

무세이온의 교사였던 에우클레이데스를 아라비아 사람들이 측량의 기준이라는 뜻으로 '유클리드'라 불러서 그의 애칭이 되었다. 그의 대표적 저서인 스토이케이아, 즉 '원론' 13권은 모두 465개의 명제를 증명해 놓은 것이었다. 모든 수학의 정리들이 중요한 원리들에 의해 논리적으로 증명된다고 했던 유클리드는 그의 증명을 마칠 때마다 늘 같은 말로 끝을 맺었다.
"이렇게 확실히 증명하였다."
아폴로스가 마르코스가 흉내내었던 유클리드의 그 말투를 한 번 더 되뇌었다. 마르코스가 고개를 끄덕이며 똑같은 내용을 헬라어로 다시 말했다.
"ὅπερ δει δε ἰξαι"
수학자들은 그 세 개의 단어를 세 개의 점, 즉 ∴로 표시하기도 했다. 아폴로스가 그것을 또 라틴어로 받았다.
"Quod Erat Demonstrandum…… 네 말대로 그는 수학이 생활에 유용하다는 것을 확실하게 증명했지."
그 때 마르코스가 멀어져가는 알렉산드리아를 손가락으로 가리켰다.
"저게…… 뭐지?"
도시의 여기저기서 검은 연기가 피어오르고 있었다.
"알렉산드리아가 불타고 있어."
그것은 아침 식사를 준비하는 정도의 연기가 아니었다.
"클레오파트라 때의 비극이 또 재현되는 건가?"
아폴로스의 얼굴이 일그러졌다.
"비극은 언제나 반복된다고 하더니."
그것은 비극의 시인 소포클레스의 말이었다. 마르코스가 신음 소리를 냈다.
"이렇게 확실히 증명하였다."
본래 증명의 논리는 밀레토스 출신의 철학자 탈레스에서 시작된 것이었다. 그러나 이론 위주의 수학은 프로타고라스의 궤변철학과 피타고라스의 관념 수학을 길러냈다. 수학의 신비에 깊이 빠진 피타고라스는 영혼의 문제까지도 수학적으로 해결하겠다며 밀교의 교단까지 만들었다.

"관념 수학의 예언이 또 기승을 부리겠군."

아폴로스는 궤변의 도구가 된 관념 수학보다는 유클리드와 아폴로니오스의 응용 수학에 더 관심을 갖고 있었다.

"아폴로니오스 때문에 네 이름이 아폴로스가 되었다며?"

아폴로스는 아폴로니오스의 약칭이었다.

"아버지는 원추곡선론에 매료된 분이거든."

유클리드에 이어 원추곡선론으로 유명한 아폴로니오스 역시 알렉산드리아의 대표적인 수학자로 꼽히고 있었다.

"페르게의 아폴로니오스 이야기를 하고 있어?"

선실 쪽에서 나온 젊은이가 그들에게로 다가오며 말했다.

"절묘한 때에 끼어드는구나, 게메로스."

원추곡선론을 발표한 아폴로니오스는 페르게에서 태어났다. 사람들은 그를 티아나 출신의 아폴로니오스와 구별하기 위해 페르게의 아폴로니오스라고 불렀다. 아폴로스의 부친은 건축기술자답게 응용수학자인 페르게의 아폴로니오스를 존경하고 있었으나 게메로스는 티아나의 아폴로니오스 쪽을 더 선호했다. 피타고라스 학파인 그는 마법의 대가로 알려져 있었다.

"알렉산드리아가 다시 불타고 아폴로니오스 수학의 수명이 짧을 것이라고 한 엘루마 선생님의 예언이 맞은 거야."

엘루마는 게메로스를 가르친 피타고라스 학파의 스승이었다.

"나는 로도스의 아폴로니오스 편인데."

마르코스가 게메로스의 마법 이야기를 끊기 위해 또 한 명의 아폴로니오스를 추가했다. 로도스의 아폴로니오스는 알렉산드리아 도서관의 제2대 관장이었던 문헌학자이고 시인이었다. 그러나 게메로스는 물러서지 않았다.

"수학의 진수는 그것이 지닌 예언적 기능에 있어."

마르코스가 피식 웃었다.

"마술사에게 여자를 빼앗기고도 그래?"

그들 세 젊은이가 10년 전에 예루살렘을 떠나 알렉산드리아로 왔던 것은 나름대로 각기 이유가 있었으나 서둘러 앞장선 쪽은 게메로스였다. 그는 자신이 좋아하던 헬라 출신의 처녀 헬레나가 알렉산드리아로 간다니까 몸이 달아서 알렉산드리아로 가는 배를 탔던 것이다. 게메로스가 어깨를 추켜올렸다.

"그것이 운명이라면 어쩔 수 없지."

"시몬은 지금 어디 있대?"

헬레나를 데리고 사라진 마술사의 이름이 시몬이었다.

"사마리아에서 재미를 보고 있다더군."

그들이 무세이온에서 만난 시몬도 같은 유대 출신이었다. 그는 문자와 숫자를 교묘하게 엮어서 예언과 마술에 적용하는 유대 신비학에 몰두하고 있었는데 스승 엘루마에게서 피타고라스의 관념 수학을 배우더니 마법과 예언으로 소문난 티아나의 아폴로니오스에 빠져들고 있었다. 그 시몬이 어느 날 갑자기 게메로스가 연모하던 헬레나와 함께 사라졌던 것이다.

"너……그래서 유대로 돌아가자고 한 거야?"

그러나 게메로스는 고개를 저었다.

"알렉산드리아는 애굽에만 있는 것이 아니니까."

그는 얼른 화제를 돌렸다.

"알렉산더는…… 자신이 말한 대로 정말 신의 아들이었는지도 몰라."

알렉산더가 페르시아 고원을 지나 인더스 계곡에 이르러 정복의 질주를 멈춘 것은 29세 때였다. 그동안 그는 자신이 정복한 모든 지역에 70개의 알렉산드리아를 세웠다. 그러나 스스로 신의 아들임을 선언했던 그는 바벨론에서 아라비아 원정을 준비하다가 갑작스러운 열병으로 사망했다.

"비록 33세에 죽었지만 엄청난 일을 했으니까."

그가 정복한 것은 땅만이 아니었다. 헬라의 학문과 문화로 세계를 뒤덮어 버렸던 것이다. 아폴로스가 토를 달았다.

"그러나 알렉산드리아를 발전시킨 것은 소테르의 공적이야."

알렉산더가 죽은 후 네 명의 막료가 그 영토를 나눠 가졌다. 안티고노스는 마케도니아를, 루시마코스는 소아시아를 차지했고, 셀류코스는 수리아와 바벨론을 장악하여 안티오쿠스 왕조를 세웠다. 애굽에 프톨레마이오스 왕조를 세운 소테르는 지중해 무역을 장악했고 그가 설립한 무세이온에는 많은 학자들이 몰려들었다.

"그가 알렉산드리아를 학문의 도시로 만들었지."

프톨레마이오스 왕조의 가장 강력한 경쟁자는 에게 해안에서 동쪽으로 수리아와 바벨론 지역을 경영한 안티오쿠스 왕조였다.

"경쟁을 위한 희생도 있었고."

"베레니케 말인가?"

프톨레마이오스 2세는 그의 딸 베레니케를 셀류코스의 아들 안티오쿠스 2세와 결혼시켰으나 그녀는 결국 그곳에서 살해되었다.

"우리가 타고 있는 이 배의 이름이 되었지."

그 베레니케 호의 선장이 바로 게메로스의 부친 달로스였다.

"왕조의 번영과 몰락도 결국 역사적 운명이야."

이상하게도 프톨레마이오스 5세 이후로는 새 왕들이 어린 나이에 즉위하여 왕의 모친이나 왕비가 국정에 개입하는 일이 많았다. 그리고 그녀들의 이름은 줄곧 클레오파트라로 이어졌다. 그러다가 프톨레마이오스 12세의 딸 클레오파트라 7세는 로마의 율리우스 카이사르에서 안토니우스로 후원자를 바꿨으나 그가 악티움 해전에서 옥타비아누스에게 패하자 자살하고 말았다.

"결국 유대만 고달프게 된 셈이지."

메소포타미아와 애굽 사이에 끼어 있던 유대는 늘 양대 세력 가운데서 시달려야 했다. 앗수르, 바벨론, 페르시아 등과 애굽이 다툴 때마다 전쟁터가 되었던 유대는 알렉산더 이후 프톨레마이오스와 안티오쿠스 사이를 굴러다니다가 로마의 손아귀에 들어가게 된 것이었다.

"그래도 역시 알렉산더가 가장 컸어."

그가 정복했던 영토는 이제 모두 로마 제국의 손에 넘어갔으나 헬라의 학문과 문화는 아직도 세계를 지배하고 있었다.

"누가 33세를 사는 동안 그만한 일을 해 놓을 수 있었겠어?"

아폴로스가 말했다.

"우리는 앞으로 6년 동안 무엇을 할 수 있을까?"

그들은 모두 27세의 젊은이들이었다. 알렉산더가 삶을 끝냈던 33세가 되려면 아직 6년이 남아 있었던 것이다. 그들이 각기 자신의 미래를 생각해보고 있을 때 마르코스가 다시 혼잣말처럼 중얼거렸다.

"나사렛의 예수도 33세에 죽었지."

오래간만에 고향에 돌아간다는 생각으로 들떠 있던 그들의 얼굴에 잠시 구름이 끼었다. 예수라는 이름도 유대에서 흔했으므로 사람들은 한 때 구원자로 여겼던 그 목수를 나사렛의 예수라고 구별해 불렀다. 세 친구들이 예루살렘을 떠난 것은 10년 전 그가 십자가에 못 박혀 처형된 바로 그날 밤이었다.

4
마르코스 요안네스

애굽 해안을 끼고 동쪽으로 항해하던 상선 베레니케 호의 전방에 유대의 산지가 나타났다. 세 젊은이는 뱃전에서 10년 만에 돌아오는 고국 땅을 바라보고 있었다. 욥바 항에서 아얄론 골짜기를 따라 하룻길만 올라가면 예루살렘이었다.

"예루살렘에서도 폭동이 일어났다던데."

부친 달로스로부터 고향 소식을 자주 듣는 게메로스가 말했다.

"십계명이 선물한 갈등이지."

아폴로스가 중얼거렸다.

"너를 위하여 새긴 우상을 만들지 말고……"

모세가 시내산에서 받았다는 계명의 두 번째 조항이었다. 안티오쿠스 4세가 예루살렘 성전에 제우스 상을 세웠을 때에 유대인들은 그 계명을 지키기 위해 목숨을 걸고 싸웠다. 헤롯 1세가 유대인의 환심을 사려고 건축한 성전 문에 황금 독수리를 만들어 세웠을 때에도 그랬다.

"그것 때문에 많은 사람들이 목숨을 잃었지."

"이제 또 칼리굴라의 신상 때문에 그렇게 될 거야."

예루살렘을 비롯한 로마의 모든 속주에서 일어나고 있는 이번의 유대인 폭동으로 또 얼마나 피를 보게 될 것인지 그 끝이 보이지 않고 있었다.

"헤롯 아그립바가 입장이 곤란하겠군."

"워낙 살육의 가문이니까."

로마의 신임으로 유대 왕이 된 헤롯 1세는 10명의 아내를 두었고 8명의 아들이 있었다. 그가 왕이 된 후에 하스몬 왕조의 공주였던 아내 마리암네를 간통 혐의로 처형하면서 살육의 역사는 시작되었다.

"대단한 집안이야. 마리암네 소생의 한 아들은 일찍 죽었고 남은 두 아들 알렉산더와 아리스토불루스 역시 반역 혐의로 교수형을 당했으니까."

"그뿐인가, 안티파터도 처형되었고."

안티파터는 이혼한 전처 도리스가 낳은 아들이었다. 마리암네를 처형한 헤롯 1세가 두 번째 결혼한 마리암네는 제사장 시몬의 딸이었으나 그녀의 소생 빌립 역시 상속자 명단에서 제외되었다.

"그래도 상속자는 남아 있었지."

사마리아 여자 말타스가 낳은 아들 아켈라오가 유대와 사마리아의 왕이 되었고 그 아우 안디바는 갈릴리와 베뢰아의 영주가 되었다. 그리고 예루살렘 출신 클레오파트라의 아들인 다른 빌립은 골란과 드라고닛 지방을 물려받았다.

"아켈라오 역시 살육자였어."

유대인들이 황금 독수리 사건으로 희생된 동지들의 원수를 갚겠다며 봉기하자 아켈라오는 3천명을 학살했다. 결국 그는 폭정 혐의로 황제에 의해 파면되고 로마가 파견한 총독 코포니우스가 유대와 사마리아를 다스렸다.

"안디바도 마찬가지였고."

"그 해에 열심당의 반란이 일어났으니까."

안디바가 주재하던 세포리스에서 갈릴리의 유다라고 하는 자가 이끄는 열심당의 반란이 일어났다. 열심당은 유대의 독립을 위해 싸우는 비밀 조직이었다. 로마군의 개입으로 반란은 진압되었으나 2천 명의 포로가 처형되었다.

"2천 개의 십자가를 세웠지."

십자가는 로마가 반란군을 처형하는 형틀이었다. 로마군은 세포리스로 들어가는 도로의 양쪽에 2천 개의 십자가를 세우고 그것에 열심당의 반란군 2천 명을 못 박아 한 달 동안 매달아 두었다. 안디바는 파괴된 세포리스를 재건했으나 자신은 긴네렛 호반에 티베리아스를 건설하고 그 곳으로 거처를 옮겨버렸다.

"나사렛의 예수를 못박은 십자가도 그런 것이었어."

"반역죄였으니까."

로마가 임명한 유대와 사마리아의 총독은 코포니우스에서 암비비우스로, 다시 루푸스와 그라투스를 거쳐 필라투스로 이어졌다. 제5대 총독으로 부임한 그 폰티우스 필라투스는 대제사장 가야바가 이끄는 산헤드린 공의회의 고소로 나사렛 예수에 대한 재판을 맡았던 것이다.

"어린 시절의 예수도 세포리스의 십자가를 보았을까?"
"보았겠지. 그가 10살쯤 되었을 때 열심당의 반란이 일어났으니까."
세포리스는 나사렛에서 반나절쯤 걸리는 곳이었다.
"아마도……"
게메로스가 끼어들었다.
"그의 아버지도 목수였다니까 2천 개의 십자가를 제작할 때 그 일에 동원되었을 거야. 그 아들이 연장통을 메고 따라갔을 수도 있겠지."
"나사렛 예수가 그것을 기억하고 있었다면"
아폴로스가 중얼거렸다.
"그것에 못 박히는 일이 두려웠을 텐데."
그의 말에 마르코스의 얼굴이 굳어졌다. 10년 전 나사렛의 예수가 잡혀간 그 밤에 마르코스는 그의 제자들과 조금 떨어진 곳에서 겉옷을 두른 채 졸고 있었다. 얼떨결에 일어나 잡혀가는 예수를 따라가던 그는 누군가 자기 겉옷을 잡아당기자 그것을 벗어던지고 도망쳤던 것이다.
"왜 그래, 마르코스?"
그의 안색을 보고 게메로스가 물었다.
"아냐, 그냥 좀……"
그날 밤 마르코스가 예수의 일행을 따라 감람산으로 간 것은 자의가 아니었다. 그들이 마르코스의 집 다락방에서 유월절 식사를 나누고 감람산 쪽으로 갈 때 그의 모친은 오늘 뭔가 좋은 일이 있을 것 같다며 따라가 보라고 권했다. 그러나 예수의 얼굴은 몹시 창백했는데 결국 잡혀서 다음날 처형되었던 것이다.

"참, 필라투스는 어떻게 되었대?"

당시 필라투스 총독의 아내는 꿈자리가 사나우니 나사렛 예수에게 유죄 판결을 내리지 말라고 간청했다는 소문이 있었다. 필라투스 역시 예수에게 반역의 혐의가 없다고 생각했으나 그를 처벌하지 않으면 황제에게 고소하겠다는 유대인들의 위협에 굴복하여 사형을 언도했던 것이다.

"그도 결국 죽었다며?"

예수를 처형한 지 6년 후 필라투스가 사마리아인들을 학살한 일이 있었다. 유대인들이 그리심 산에 있는 성전을 부수러 온다는 유언비어가 나돌자 그것을 막으려고 무장한 사마리아인들이 모여들었는데 그것을 반란으로 오해한 필라투스가 그들을 학살했던 것이다. 티베리우스 황제의 소환 명령을 받고 뒤늦게 도착한 그를 새 황제 칼리굴라는 비엔나로 추방했다.

"비엔나에서 자살을 했다더군."

"자살이라고?"

"자신에게 양심의 판결을 내린 셈이지."

"헤롯 안디바는 어떻게 되었어?"

아인가림의 요한을 참수하고 예수의 재판을 필라투스에게 떠넘겼던 안디바는 그 처남 아그립바에게 밀려 자리를 **빼앗겼던** 것이다.

"갈리아 지방의 루그두눔으로 추방되었대."

게메로스의 정보를 듣고 아폴로스가 혼잣말처럼 중얼거렸다.

"자살 소식이 기다려지는군."

"아인가림의 요한을 죽였기 때문에?"

요한은 요하난의 약칭이었다. 마르코스의 처음 이름도 요한이었으나 부친 이드란이 헬라식으로 요안네스라고 부르다가 아예 마르코스라는 이름으로 바꿔 주었던 것이다. 아인가림의 요한은 나사렛 예수의 외가 쪽 친척이었다.

"안디바는 예수보다 그를 더 위험하게 여겼지."

아폴로스는 알렉산드리아에서 태어났으나 한동안 아인가림에서 자랐다. 예수처럼 그의 외가도 아인가림에 있었고 세례자 요한과도 안면이 있었다. 그래서인지 아폴로스는 예수보다 요한에게 더 관심이 있었다. 그는 예수에게 세례를 베푼 선지자였고 안디바의 악행과 비리를 신랄하게 공격한 사람이었다.

"선지자를 죽였으니 무사할 수 없을 거야."

헤롯 1세에게 처형당한 아리스토불루스는 딸 헤로디아와 아들 아그립바를 남겨 놓았는데 그 헤로디아는 백부 빌립과 결혼했다. 안디바가 형수이며 조카인 그녀를 빼앗아 아내로 삼은 것을 요한이 비난하자 안디바는 그를 투옥했다. 그리고 자기 생일에 춤을 춘 헤로디아의 딸 살로메의 요청으로 결국 그의 목을 벤 것이다.

"토라에 그렇게 적혀 있어서?"

모세가 기록했다는 창세기와 네 권의 율법서가 토라였다.

"남의 피를 흘리면 자신의 피도 흘리게 되리라."

"헤로디아도 안디바와 같이 갔다면서?"

"아그립바와 친했던 칼리굴라는 헤로디아가 그의 누이이므로 추방을 면하게 해 주려 했던 모양인데 남편과 같이 가겠다고 했다더군."

 그녀의 동생 아그립바는 로마에 거주하는 동안 황제의 종손 카이우스에 접근하여 그와 가까워졌다. 후계 쟁탈전에서 이겨 황제가 된 카이우스는 그를 드라고닛 지역의 분봉왕으로 임명했다가 안디바를 추방한 후 그의 영지까지 얹어주었다. 또 필라투스의 후임자 마룰루스 총독의 관할 지역이었던 유대와 사마리아까지 받아 그는 명실공히 유대 왕이 된 것이었다.

 "열녀가 된 악녀…… 매우 감동적인걸."

 아폴로스는 여전히 그들을 악의 동반자로 몰아붙였다.

 "죽음의 골짜기까지 함께 가려는 거겠지."

 그러나 매부와 누이를 축출하고 유대 왕이 된 아그립바의 사정도 그리 평탄한 것은 아니었다. 유대인들이 예루살렘 성전에 황제의 상을 세우라는 칼리굴라의 명령에 반대하여 폭동을 일으켰고 황제는 수리아 총독 페트로니우스에게 유대에 대한 공격 명령을 내려놓고 있었다.

 "나사렛 예수의 제자들은 아직도 활동하고 있다지?"

 마르코스가 입을 열었다.

 "동조자들이 꽤 많아졌다던데."

 "그들이 다메섹과 안티오키아까지 들어가 전도를 하고 있는 모양이야."

 안티오키아는 안티오쿠스 왕조의 수도였고 다메섹은 아람 왕국의 수도였다.

 "이방인들에게도?"

 자신들 이외의 모든 민족을 이방인으로 보는 것이 유대인의 전통이었다. 하나님이 모세에게 이스라엘은 내 장자라고 말했다는 것이 그 이유였다.

"아니, 거기 살고 있는 유대인들에게."

"승산 없는 짓을 하고 있군."

헬라의 높은 학문과 로마의 막강한 권력과 세상의 구석구석까지 간섭하는 수많은 신들이 하늘과 땅을 뒤덮고 있는 시대였다. 그런 세상에서 속주 출신의 한 목수가 남겨 놓았다는 가르침을 그의 제자들이 외치고 다닌다는 것은 유대인들의 무지함을 떠들어대는 것과 같았다.

"예수가 다시 살아났다고 한다며?"

"우리가 예루살렘을 떠난 것은 예수가 처형된 유월절 그날 밤이었지. 안식일 다음날 새벽에 여자들 몇이 그의 무덤을 찾아갔는데 돌문이 열려져 있고 무덤은 비어 있었대. 그리고 돌아오는 길에 막달라의……"

"막달라의 마리아?"

마르코스는 그 여자를 알고 있었다.

"맞았어. 그 여자가 예수를 만났다는 거야."

게메로스는 한 가지 정보를 더 전했다.

"혹시 타르소스의 사울이라는 이름을 들어본 적 있어?"

아폴로스가 되물었다.

"베냐민 지파의 율법학자 말이야?"

유대인들 사이에서는 그가 유대인 대표로 로마에 간 알렉산드리아의 유대인 학자 필로와 비교해도 손색이 없을만한 인재라고 소문이 나 있었다.

"맞았어. 가말리엘 문하의 제자였거든."
"그런데?"
"그가 앞장서서 나사렛 예수의 제자들을 박해했는데 다메섹 지역의 이단자들을 색출하기 위해 가다가 노상에서 부활한 예수를 만났다는 거야. 그 후로 예수의 열렬한 제자가 되었다는군."
"죽은 예수의 제자가 되다니, 미친 것 아니야?"
"그가 나사렛 예수는 하나님의 아들이고 메시야라고 했다는 거야."
아폴로스가 믿을 수 없는 듯 다시 물었다.
"지금도 다메섹에 있대?"
"유대인들이 그를 죽이려고 하자 가까스로 다메섹을 빠져나갔다는데 아직 본 사람이 없는 모양이야."
세 사람은 잠시 입을 다문 채 생각에 잠기고 있었다. 학문의 도시 알렉산드리아에서 최고의 수학과 철학과 논리학을 접하고 배운 세 젊은이는 다시 혼란스러운 고향으로 돌아간다는 것이 마음에 걸렸던 것이다.
"이스라엘은 내 아들, 내 장자이다."
하나님이 모세에게 그렇게 말했다는 토라의 기록이 유대인들에게 자부심을 갖게 한 것은 사실이었다. 그러나 다른 나라 사람들은 그것을 수긍하기 어려울 것이고 헬라의 수학과 철학을 공부한 그들도 역시 같았다. 유대인들이 우상 문제로 헬라인, 로마인, 애굽인과 싸우는 것도 민망했고 죽은 사람이 살아났다고 주장하는 예수의 제자들도 면구스럽기는 마찬가지였다.
"성전에 신상을 세우라는 칼리굴라의 명령을 예수의 제자들은 어찌 생각할까?"

"그들은 그것보다는 예수의 부활을 전하는 것이 더 우선인 모양이야."

"누가 그걸 믿겠어?"

"그래도 점점 그 무리가 커지고 있다는군."

세 젊은이가 고향에서 일어나고 있는 사정에 관해 대화를 나누는 동안 욥바 항은 더욱 가까워지고 있었다. 바위로 된 산의 옆구리가 바다로 뻗어나와 반원형의 해변을 천연의 항구로 만들어 놓은 곳이었다. 그러나 헤롯 1세가 페니키아 남단의 악고와 욥바 사이에 아우구스투스 황제에게 헌정한 항구 카이사랴를 건설하여 욥바의 일감과 역할은 많이 줄고 있었다.

"이제부터 넌 뭘 할 거야, 아폴로스?"

아폴로스가 어깨를 흠칫하며 대답했다.

"예루살렘에 잠시 들렀다가 아테네로 가보고 싶어."

아테네에는 철학자 플라톤이 세운 아카데미아가 있었다. 알렉산드리아의 무세이온이 세계의 지식을 다 모아 놓은 바다라면 탈레스의 논리학과 소크라테스의 철학을 이어받은 아카데미아는 헬라 학문의 근원이라고 할 수 있었다. 그러나 아카데미아를 설립한 플라톤은 피타고라스에 빠져 있던 사람이었다.

"피타고라스의 밀교를 연구하려고?"

아폴로스가 고개를 저었다

"아니, 아테네에 모여드는 학자들을 만나고 싶어서."

듣고 있던 게메로스도 자기 생각을 말했다.

"난 스승님을 만나러 파포스로 갈 거야."

무세이온에서 게메로스를 가르친 유대인 학자 엘루마는 피타고라스 학파에 속하는 사람이고 본래 파포스 출신이었다. 알렉산드리아의 몰락이 얼마 안 남았다고 예언한 엘루마는 먼저 그곳을 떠나 파포스로 갔던 것이다.

"넌 뭘 할 거니, 마르코스?"

생각에 잠겨 있는 그를 바라보며 아폴로스가 물었다.

"계속해서 귀신의 그림자를 찾아다닐 거야?"

본래 마르코스가 친구들을 따라 알렉산드리아로 간 것은 아버지를 살해한 범인을 찾기 위해서였다. 그의 부친 이드란은 에게해와 아드리아 해 그리고 지중해의 모든 연안 지역을 왕래하며 교역하던 거상이었다. 그러던 부친이 알렉산드리아에서 살해되어 시체로 돌아온 것은 13년 전이었다.

"그만둘 수도 없잖아?"

아폴로스가 걱정스러운 듯이 그를 바라보았다.

"우리에겐 그래도…… 지난 과거보다 다가올 미래가 더 소중하지 않을까?"

"어떤 미래?"

"아버지보다 더 큰 상인이 된다든가."

마르코스가 고개를 끄덕였다.

"어쨌든 현실로부터 도망치지는 않을 거야."

그는 나사렛의 예수가 잡히던 그 밤에 벌거벗은 채로 도망치던 자신을 또 생각하고 있었다. 아폴로스가 다시 게메로스에게 물었다.

"헬레나는 이제 포기했어?"

게메로스가 빙그레 웃더니 손가락을 들어 선실 쪽을 가리켰다. 하얀 스톨라에 분홍색 목도리를 걸친 여자가 갑판으로 나오고 있었다. 그쪽을 향해 게메로스가 손을 흔들더니 다가온 그녀를 두 친구에게 소개했다.

　"내 친구들이야, 니오베."

　그녀가 가볍게 고개를 숙여 보이자 게메로스는 소개를 계속했다.

　"이쪽은 마르코스, 그리고 저 곱슬머리는 아폴로스."

　두 친구도 그녀에게 목례를 건넸다.

　"반갑습니다."

마르코스 요안네스

솔로몬 왕은 예루살렘 성전을 건축할 때 두로 왕이 뗏목으로 엮어 보낸 레바논의 백향목을 욥바 항에서 받았다. 욥바 항은 지중해에서 유대로 들어가는 유일한 항구였으므로 유대의 점령자가 바뀔 때마다 임자가 달라졌다. 욥바의 본래 이름은 '야포' 였는데 알렉산더는 이 항구를 접수한 후 이오 여신을 추앙하는 이오페로 바꾸었고 유대인은 그것을 욥바로 불렀다.

"애굽에서 이시스 여신이 화를 내고 있을 거야."

부두에 내리며 마르코스가 말했다.

"이오 여신 때문에?"

헬라 사람들은 그들의 신화에 나오는 이오 여신이 애굽에 가서 이시스 여신이 되었다는 주장을 퍼뜨리고 있었다.

"그러나 배후에서 정작 웃고 있는 자는 바로 페니키아 사람들이지."

아폴로스가 그의 말을 받아서 말했다. 헬라 신화에서 이오는 제우스가 몰래 사랑했던 여자였다. 헬라에서 밀려난 테베의 유민들이 바다를 건너 애굽의 상류 쪽으로 옮겨가면서 이오는 오시리스의 아내 이시스가 되었다고 했다.

"그들이 이오의 신화를 만들어냈으니까?"

"신화를 만드는 데는 페니키아 사람들이 천재적이었어."

제우스 신은 이오와 사통하여 에파포스를 낳았고 그의 손자 아게노르는 페니키아의 왕이 되었다. 제우스 신은 다시 아게노르의 딸 에우로페를 크레타 섬으로 납치하고 강간해서 미노스 왕을 낳았다. 반도에서 테베 왕가를 세웠던 카드모스와 불사조 페닉스는 다 에우로페의 오빠들이었다.

"결국 헬라 문명의 원조가 페니키아라는 논리를 만든 거야."

"애굽으로 간 테베의 뿌리도 페니키아였으니까."

"헬라인들이 사용하는 문자나 악보도 실은 페니키아 사람들이 먼저 만들었다고 하지 않던가?"

"그렇다면 페니키아인들의 머리가 제일 좋다는 거야?"

"머리가 좋으니까 신화도 만들었겠지."

"그래서 하나님이 가나안을 미워한 것 아닐까?"

헬라인들은 레바논 산맥과 지중해 사이의 땅을 페니키아라고 불렀다. 그곳은 가나안 민족의 장자 지파인 시돈 족속의 땅이었다. 유대인의 창세기에는 함의 넷째 아들인 가나안이 노아의 저주를 받은 것으로 되어 있었다. 그래서인지 하나님은 셈의 자손인 아브라함에게 가나안 땅을 주겠다고 약속했다.

"아브라함의 자손들에게 가나안 땅으로 들어가 그들을 진멸하라고 했거든."

배에서 내려 세관의 검사를 마친 그들이 욥바 항의 상가를 지날 때 앞서 걷던 니오베가 갑자기 걸음을 멈추었다.

"무슨 일이죠?"

거리에 모여 있는 많은 사람들이 보였다. 게메로스가 말했다.

"설마, 또 폭동은 아니겠지?"

폭동이 시작되고 있는 알렉산드리아를 빠져나왔기 때문에 사람들이 많이 모이는 것을 보면 예민해질 수밖에 없었다. 사람들 사이로 비집고 들어간 그들이 본 것은 사람들에게 재주를 보여주고 있는 마술사였다.

"와아~"

그가 보여주는 것은 거리 마술의 초보적 기술인 동전 감추기였다. 손 안의 동전이 사라지기도 하고 두 개, 세 개로 많아지는 것을 보며 사람들은 탄성을 질렀다.

"돈 걱정일랑 마시오, 얼마든지 생기니까."

콧수염을 말아 올린 그 사내는 다시 곁에 있던 아가씨로부터 지팡이를 넘겨받더니 그것을 빙글빙글 돌리기 시작했다.

"얍!"

사내가 소리를 지르자 지팡이는 노끈으로 바뀌었다. 가위로 중간을 잘라낸 노끈이 다시 멀쩡해지더니 사내의 손 안에서 어느새 하얀 보자기로 변했다. 그리고 구겨진 보자기 속에서 비둘기 한 마리가 솟아나오자 사람들은 놀라며 손뼉을 쳤다. 아폴로스가 사내를 돕는 아가씨를 바라보다가 말했다.

"헬레나도 시몬을 따라다니며 저런 걸 하는 게 아닐까?"

게메로스가 얼굴을 붉혔다. 니오베가 있는 자리에서 헬레나에 관한 이야기를 꺼냈기 때문이었다. 그러나 마르코스는 마술사의 아가씨보다 구경꾼 틈에 끼어 있는 다른 여인에 눈길을 주고 있었다. 로마식의 짧은 투니카에 가죽 띠를 매어 남장을 한 여자였다.

"시몬의 마술은 좀 더 발전했다고 하더군."

게메로스가 딴청을 했다.

"무슨 말이야?"

"단순한 속임수가 아니라 진짜 마법을 구사한다는 거야."

"마법?"

"사람을 마법에 걸어서 누워 있는 채로 공중에 떠오르게 하거나 자신의 몸을 염력으로 다스려 칼날이나 숯불 위를 걷기도 한다는 거야. 또 손가락으로 칼을 구부리거나 바위를 부수는 등 초능력을 보여 주기도 하고."

"의식 마법이라는 건가?"

아폴로스가 아는 체를 했다. 보이지 않는 영적인 존재까지도 불러내는 능력을 가리키는 것이었다. 무세이온에서 게메로스를 가르친 엘루마의 말로는 피타고라스 학파의 밀교에도 그런 의식이 있다고 했다.

"시몬의 수준이 거기까지 갔을까?"

"정말 티아나의 아폴로니오스를 만났다면 그에게 배웠을지도……."

마르코스가 살펴보니 투니카 차림의 여자 주위에는 같은 모습의 젊은이들 여섯 명이 둘러서 있었다. 평소에 긴 베게드를 입는 유대인들 틈에 그들이 끼어 있어서 쉽게 알아본 것이었다. 갑자기 자신을 물끄러미 바라보는 여자의 시선과 마주치자 마르코스는 황급히 그녀에게서 눈을 떼며 말했다.

"내 아버지는 마법에 속지 말라고 했어."

상인이었던 그의 부친 이드란은 여러 지역으로 다니면서 모든 마술은 기적이 아니고 속임수임을 알아냈다고 했던 것이다.

"그냥 즐기면 되는 것 아니야?"

마법사들은 그들의 비술이 유대교의 신비학과 피타고라스의 수학 그리고 바벨론의 점성학과 연금술 등 모든 학문을 연구한 데서 나오는 결과라고 주장했다. 그러나 실제로는 속임수로 권력자들을 미혹하고 민심을 선동해서 자신들의 이득을 추구하는 일에만 몰두하고 있었다.

"자기네들 말로는 정령이나 악령뿐만 아니라 천사나 신도 불러낼 수 있다고 하지만 지금까지 나타난 것은 모두 악령뿐이었어. 길흉화복의 점괘로 사람들을 위협하고 돈을 뜯어내는 것은 악령의 짓이거든."

아폴로스도 그 말에 동조했다.

"무당과 박수들이 그런 짓을 많이 했지. 성경에 등장하는 천사는 하나님의 말씀을 전달하는 일만 했고 점을 쳐 주지는 않았어. 의인에게 복을 주고 악인에게 벌을 내리는 하나님의 법은 사람이 바꿀 수 없는 거야."

"영혼의 문제를 수학으로 푼다는 것은……"

마르코스가 다시 말했다.

"피타고라스의 교만이 아니었을까?"

그 말을 듣고 아폴로스도 그의 부친 요아스의 말을 인용했다.

"아버지는 직각 삼각형의 정리도 피타고라스의 발견이 아니라고 했어. 유클리드에 의하면 니므롯이 바벨탑을 건설할 수 있었던 것도 그 때에 이미 직각을 작도하는 방법이 있었기 때문이었다는 거야."

"가이난이 그것을 가르쳐 주었을지도 모르지."

마르코스가 그렇게 말하며 다시 투니카 차림의 여자 쪽에 눈을 주었을 때 이미 그녀는 사람들 틈에서 사라졌고 함께 있던 젊은이들도 거기 없었다.

"셈의 손자 말인가?"

유대인의 창세기에는 큰 홍수가 땅을 덮었을 때 노아의 아들 셈과 함과 야벳이 그 아내들과 함께 살아남았다고 되어 있었다. 홍수 이후의 새로운 시대를 주도했던 셈의 셋째 아들이 아르박삿이고 그의 장자가 가이난이었다.

"족보에서 사라진 이름이지."

함의 손자인 니므롯은 반란을 일으켜 셈의 권세를 제압하고 자신의 정권을 수립했다. 그리고 자신의 힘을 과시하기 위해 바벨탑을 건설할 때 셈의 손자 가이난이 가문의 비전인 건축 기술을 그에게 제공했다는 것이었다. 그래서 노아는 족보에서 그를 삭제했고 유대인의 창세기에는 가이난의 이름이 없었다.

"아르박삿은 셀라를 낳고 셀라는 에벨을 낳았으며……."

그러나 프톨레마이오스 2세가 유대인 학자 72명을 알렉산드리아로 초청하여 헬라어로 번역한 창세기에는 아르박삿과 셀라 사이에 가이난의 이름이 그대로 들어 있었다. 유대의 전승에 의하면 셀라의 뒤를 이은 에벨은 셀라의 아들이 아니라 가이난의 아우 게세대의 아들이었다.

"그러니까 직각의 작도법은 그 때부터 있었던 거야."

그들의 말에 게메로스가 고개를 저었다.

"그렇다고 해서 보이지 않는 진리의 세계를 신의 옷자락 속에만 묻어둘 수는 없지 않은가? 인간에게는 미지의 세계를 연구할 수 있는 자유와 권리가 있고 능력도 있어. 그것에 의해서 세상은 발전하는 것이 아니겠어?"

아폴로스가 고개를 끄덕였다.

"네 말이 맞기는 하지만, 연구의 목적이 뒤틀리면 그것이 세상을 파멸로 이끌 수 있다는 것도 명심해야 할 거야."

사람들 속에서 그들을 주시하고 있는 또 한 사람이 있었다. 긴 키톤에 겉옷을 걸치고 두건을 쓴 사내였다. 옷차림은 유대인 같으나 얼굴이 달랐다. 대개 유대인의 코는 두터운 매부리코인데 그의 콧날은 가늘고 날카로워 보였다.

"저건 또 뭐지?"

거리의 다른 쪽에 또 모여 있는 사람들이 보였다. 조금 전에 보았던 남장의 여자와 그의 일행도 그들 속에 있었다. 마르코스의 일행이 그 쪽으로 다가가서 보니 한 남자가 사람들에게 뭔가 열심히 설명을 하고 있었다.

"나사렛의 예수는 죽지 않았습니다."

누군가 그 말을 받았다.

"그가 죽은 지 10년도 지났는데 무슨 말을 하는 거야?"

"내가 그분을 만났습니다. 그가 무덤에 장사된 후 친구와 함께 예루살렘을 떠나다가 길에서 그분을 만났고 엠마오에서 식사도 함께 했습니다. 그곳에 가면 아직도 그 식당이 있습니다."

투니카 차림의 여자가 그에게 물었다.

"당신은 도대체 누군가요?"

"나는 성 밖 해변에 살고 있는 갖바치 시몬이오."

시몬도 유대에서 흔한 이름이었다. 마르코스와 그 친구들이 방금 전에도 마술사 시몬에 관한 이야기를 했는데 지금 사람들에게 말하고 있는 그 가죽장이의 이름도 역시 시몬이었다. 여자가 다시 물었다.

"당신은 그분과 어떤 관계인가요?"

"나도 그분의 제자입니다."

사람들이 또 큰 소리로 웃었다. 예수의 제자 중에 어부와 농부 심지어는 세리도 있다는 말을 들었으나 갖바치는 처음 듣기 때문이었다. 마르코스 역시 그의 제자들을 여러 명 보았으나 그를 본 적이 없었다. 그러나 그는 개의치 않았다.

"여러분, 그분을 믿으세요. 곧 다시 오실 것입니다."

게메로스가 마르코스의 소매를 잡아끌었다.

"이러다가 예루살렘에는 언제 가겠어?"

아폴로스가 그 말에 동의했다.

"그래, 서둘러야겠군."

시장 거리를 떠나며 마르코스는 다시 한 번 주위를 살펴보았다. 그러나 자신을 물끄러미 바라보던 투니카 차림의 여자와 그 일행은 또 사라져서 보이지 않았다.

마르코스 요안네스

 세 친구와 게메로스의 여자 니오베는 욥바 항을 벗어나 룻다 쪽을 향해 걷고 있었다. 아네모네와 베고니아 같은 작은 들꽃들이 반짝거리며 그들을 올려다보고 있었다. 종달새 한 마리가 자지러질 듯 파란 소리를 굴리며 하늘을 가로질렀다. 아폴로스가 뒤를 돌아보며 중얼거렸다.
 "우리를 따라오고 있는 것 아니야?"
 "누가?"
 아폴로스가 턱으로 뒷쪽을 가리켰다. 60규빗 정도의 거리를 두고 키톤에 겉옷을 걸친 사람이 따라오고 있었다.
 "시장에서도 우리를 보고 있었어. 한번 시험해 볼까?"
 마르코스의 제의에 따라 그들은 걷기를 중단하고 느릅나무 그늘에 선 채로 이야기를 나누며 따라오던 사내의 동태를 살펴보았다. 짐작했던 대로 그도 역시 걸음을 멈춘 채 사방을 둘러보는 척하고 있었다.
 "옷차림은 유대인 같은데……"

마르코스가 고개를 갸웃거리자 아폴로스가 말했다.

"콧날이 좀 특이하군."

"다시 한 번 움직여 보자."

그들이 룻다를 향해 걷기 시작할 때 아폴로스가 뒤를 돌아보았다.

"역시 따라오는군."

그러나 얼마 되지 않아 그들의 기우는 일단 해결이 되었다. 그들이 룻다 가까이 이르렀을 때 사내는 걸음을 빨리 하더니 앞질러서 룻다 성내로 들어가 버렸던 것이다. 아폴로스가 니오베를 힐끗 보며 말했다.

"룻다에서 나귀를 빌려볼까?"

엠마오에서 예루살렘까지는 줄곧 오르막길이어서 여자가 걸어 오르기에는 좀 벅찰 것 같았던 것이다. 그래도 마방에서 낙타나 나귀를 빌려 타고 도착지에서 반납하는 역참 제도가 있어 다행이었다.

"네 필을 빌리려면 꽤 비쌀 텐데."

세 친구들의 집이 그리 가난하지는 않았으나 10년이나 객지에서 공부하고 돌아오는 처지에 함부로 낭비할 형편이 아니었다. 게메로스가 제안을 했다.

"일단 오늘은 룻다에서 묵고 내일 생각하자."

"룻다에 객관이 있을까?"

마르코스가 그렇게 말한 것은 룻다가 욥바 항과 가깝기 때문이었다. 욥바나 엠마오라면 몰라도 룻다에서 묵는 과객은 별로 없을 것 같았다. 룻다 성에 들어갔을 때 그것은 확인되었다. 객관은 어디에도 없었던 것이다. 마르코스가 쓴웃음을 지으며 말했다.

"이렇게 확실히 증명하였다."

그러나 게메로스는 낙심하지 않고 때마침 지나가는 행인을 붙잡았다.

"혹시 여기 객관이 없을까요?"

그가 일행의 행색을 살펴보더니 말했다.

"잘 곳이 없다면 애네아스의 집으로 가 보시죠."

"그곳이 객관입니까?"

애네아스는 헬라어로 칭찬한다는 말이었다.

"일단 가 보시면 압니다."

그 행인이 가르쳐 준 애네아스의 집을 찾아갔을 때 그 집 마당에는 많은 걸인들과 병자들이 모여 있었다. 병자들을 붙잡고 기도해 주는 사람들도 있었는데 그들의 기도는 매번 같은 말로 끝을 맺었다.

"나사렛 예수 그리스도의 이름으로 기도합니다."

그러면 사람들이 함께 외쳤다.

"아멘."

조금 후에는 집 안에서 여인들이 음식을 들고 나와 사람들에게 나눠주기 시작했다. 마르코스와 그의 일행도 얼떨결에 떡과 음료를 받아들며 물어보았다.

"이 댁 주인의 이름이 애네아스입니까?"

"네."

"무엇을 하시는 분인데요?"

"그분도 병자이십니다. 중풍병으로 6년째 고생하고 계시지요."

깜짝 놀랄 일이었다. 집의 규모로 보아 재산은 꽤 되는 모양이나 병을 얻은 몸으로 다른 병자들을 돌본다는 것이 놀라운 일이었다.

"나사렛의 예수가 세상을 많이 바꿔 놓은 것 같군."

그렇게 말하던 마르코스는 사람들 속에서 또 낯익은 얼굴을 발견했다. 욥바에서부터 그들을 따라왔던 그 키톤의 사내가 역시 병자들 틈에 끼어 여자들로부터 떡과 음료를 나눠받고 있었던 것이다.

7

마르코스 요안네스

룻다에서 동남쪽으로 80스타디아 거리에 있는 엠마오는 비록 작아도 유대인들에게 특별한 마을이었다. 안티오쿠스 4세에 맞서 거병한 맛다디아의 아들 유다 마카비가 3천의 병력으로 적의 보병 5천과 기병 1천을 기습하여 섬멸한 격전지였다. 마을에 들어서자 아폴로스가 주위를 살피며 중얼거렸다.

"뭐야, 유다 마카비가 다시 나타났나?"

별로 크지도 않은 엠마오 마을이 로마 군대로 가득 차 있었던 것이다.

"웬일이지?"

유대와 사마리아는 칼리굴라의 신임을 받고 있는 헤롯 아그립바 왕의 관할 구역이었다. 그런데도 적지 않은 로마 병력이 예루살렘 외곽에 들어와 있다는 것은 좀 뜻밖이었다. 게메로스의 얼굴이 굳어졌다.

"아무래도 예루살렘의 상황이 심상치 않은 것 같아."

마르코스도 목소리를 낮추었다.

"폭동이 전국적으로 확대되는 경우를 대비하고 있는 모양이군."

그 말을 아폴로스가 받았다.

"수리아 총독도 입장이 난처하겠지."

유대와 사마리아가 아그립바 왕의 관할 지역이라도 황제를 대신해서 그를 감독하는 것은 수리아 총독의 소관이었다. 그 수리아 총독 페트로니우스는 이미 황제로부터 유대에 대한 공격 명령을 받아 놓고 있었다. 총독은 일단 병력을 이동시켜가며 상황을 지켜보고 있는 것 같았다.

"여기서 점심도 먹고, 나귀도 빌려야 할 텐데."

룻다를 출발할 때 엠마오에서 나귀를 빌리자고 합의를 보았던 것이다.

"썩 편안한 분위기는 아닌걸."

"일단 식사할 데가 있는지 좀 찾아볼까?"

마을 안으로 들어서자 마침 〈오이코스 트리온〉이라고 쓴 작은 간판이 보였다. 헬라어로 '셋의 집'이라는 뜻이었다. 식당과 객관을 겸하고 있는 허름한 주막 안으로 들어가 보니 감람나무 그늘에 놓인 작은 식탁 세 개가 보였다. 그들이 들어가 그 중의 한 식탁에 둘러앉자 주인이 나왔다.

"샬롬."

오래간만에 들어보는 유대식 인사였다.

"식사가 됩니까?"

"네. 유월절 기간이라 무교병과 메로린이 좀 있습니다."

유월절은 이스라엘 자손들이 애굽을 탈출하기 전 어린 양을 잡아 굽고 무교병과 메로린, 즉 쓴 나물을 함께 먹었던 그 날을 기념하는 절기였다.

"아…… 그렇군요."

그리고 보니 유월절이 바로 사흘 후였다. 마르코스가 중얼거렸다.

"그 때도 유월절이었는데."

예수가 처형된 10년 전의 그날도 유월절이었던 것이다. 게메로스가 주인을 바라보며 먹을 것을 주문했다.

"그걸로 네 명이 먹을 만큼만 주세요."

"무화과즙이 좀 있습니다만."

"그것도 주시구요."

주인이 안으로 들어가자 게메로스가 다시 입을 열었다.

"간판에 적혀 있는 셋의 집은 무슨 뜻일까?"

"세 개의 식탁을 말하는 거겠지."

그러면서 마르코스가 게메로스를 바라보았다.

"또 게마트리아를 말하고 싶은 거야?"

세계의 근원은 수이며 모든 것은 수라고 주장한 피타고라스는 숫자마다 그 의미를 붙였다. 즉 1은 모든 수의 본질이고 2는 여성, 3은 남성을 의미하며 2와 3이 결합되는 5는 결혼의 수라는 식이었다. 숫자마다 의미를 붙이고 문자와 단어와 문장까지 수로 풀이하는 그의 수론이 곧 게마트리아였다.

"물질과 영혼의 문제를 모두 수로 해석한 것은 탁월한 착안이었어."

그러나 아폴로스는 고개를 저었다.

"그래도 합리적이 아닌 것은 탁월할 수 없지."

게메로스가 또 버티었다.

"수로 해석하는 것이야말로 합리적이야."

"그렇다면, 사람이 닭으로 태어난다는 것도 합리적인가?"

피타고라스는 수학적인 균형 이론을 내세워 환생설을 주장했다. 사람이 죽으면 다른 동물로 태어난다면서 육식을 피하라고 했다. 특히 콩과 수탉은 완전함의 상징이라며 그것을 먹지 못하게 했던 것이다. 마르코스가 고개를 저었다.

"그것이 합리적이라면 피타고라스도 유클리드 식으로 증명을 해야겠지. 이렇게 확실히 증명되었다, 라고."

"언젠가는 증명이 되겠지."

"마법으로?"

피타고라스는 홀수끼리 또는 짝수끼리 합쳐서 된 4를 지식의 수라 했고 1과 2와 3을 더하거나 곱해서 나오는 6을 완전수라고 했다. 그리고 7은 다른 수로 나누어지지 않으므로 마법의 수라고 한 것이다.

"거룩한 7을 마법의 수라고 했으니 유대에선 사형감이야."

하나님이 6일 동안 천지를 창조하고 일곱째 날에 안식했다고 해서 유대인들은 그 날을 거룩한 날, 즉 안식일로 지키고 있었다.

"그러니까 유대에도 수비학이 있었어."

그의 말대로 유대에서도 몇 개의 숫자에 특별한 의미를 붙이는 경우가 더러 있기는 했다. 특히 3은 미래적 의미를 담고 있어서 3년 된 암소, 3년 된 숫양 등 제사 의식에 많이 사용되었다.

"아브라함이 아들 이삭을 번제로 드리려 했던 것도"
게메로스의 말을 아폴로스가 받았다.
"아들과 함께 길을 떠난 후 제3일이었지."
그가 한 가지 예를 더 들었다.
"호세아 선지자의 글에도 그런 것이 있었어. 여호와께서 이틀 후에 우리를 살리시며 제3일에 우리를 일으키시리니 우리가 그 앞에서 살리라."
북왕국의 선지자 호세아가 그의 예언서를 기록한 것은 약 770년 전, 즉 북왕국 이스라엘이 멸망하기 직전이었다.
"그 뿐만이 아니야."
게메로스가 또 거들었다.
"이스라엘 열 두 지파의 12는 충만한 수이고 산헤드린 의원 72명은 12에 완전수 6을 곱한 것이고 한 세대를 의미하는 숫자로는 40이 사용되었거든."
그러나 마르코스는 고개를 저었다.
"그래도 우리 조상들은 피타고라스처럼 모든 수에 의미를 붙여서 호들갑을 떨지는 않았어. 마술사 시몬이 토라를 마법의 도구로 사용하기 전에는."
유대 출신의 마술사 시몬은 히브리 문자에까지 게마트리아를 적용해서 창세기에 기록된 사건과 이름들을 모두 숫자로 풀이하고 있었다. 즉 히브리 문자 22개를 처음 10개는 1부터 10, 다음 8개는 20에서 90 그리고 나머지 4개는 100, 200, 300, 400을 나타내는 것으로 하여 글자를 풀었던 것이다.
"창세기의 첫 구절이 913이라는 것?"

피타고라스 식으로 창세기의 첫 구절을 바꾸면 913이 된다고 하여 시몬은 그 수를 마법에 사용했다. 또 아브라함의 양자였던 엘리에셀의 이름을 숫자로 바꾸면 그 종들의 숫자인 318이 나온다고도 했다.

"아브라함의 하나님이 가슴을 치실 일이지."

마침 음식을 가져온 주인에게 게메로스가 궁금한 듯 물었다.

"셋의 집이란 무슨 뜻이죠?"

"아……."

주인은 잠시 망설이다가 입을 열었다.

"지금으로부터 10년 전에 세 남자가 저희 주막에 들른 일이 있었거든요."

그 말을 듣고 게메로스가 외쳤다.

"그것 보라구, 3은 남자를 의미하는 수라니까."

마르코스가 그를 제지하며 다시 주인을 바라보았다.

"그래서요?"

"그들이 식사를 하면서 한동안 대화를 나눈 적이 있는데 나중에 들리는 말로는 그 세 사람 중 하나가 며칠 전에 죽은 나사렛의 예수였다는 겁니다."

마르코스가 깜짝 놀라며 그에게 물었다.

"10년 전에 처형을 당한 그 나사렛 예수 말입니까?"

주인이 고개를 끄덕였다.

"그렇습니다."

"그가 엠마오에 왔었다는 말을 들은 적이 없는 것 같은데."

"맞습니다."

주인의 대답이 어정쩡해서 마르코스가 다시 물었다.

"무슨 말씀이죠?"

"실은, 그분이 처형을 당한 후 3일째 되는 날 저녁이었거든요. 그분을 따르던 두 사람이 이곳 엠마오로 내려오다가 길에서 그분을 만나 함께 이 주막으로 들어왔고, 바로 손님들이 지금 앉아 계신 그 자리에서 식사를 했답니다."

"옛?"

그들은 깜짝 놀라 자신들이 앉아 있는 자리 주위를 둘러보았다. 욥바에서 들었던 갖바치 시몬의 말이 생각났던 것이다. 그는 다시 살아난 예수와 함께 엠마오의 한 식당에서 식사를 했다고 증언했었다.

"그가 정말 다시 살아났다는 말입니까?"

"제자들의 말로는 그렇다는군요. 그 이후로 많은 사람들이 이 주막을 찾아와서 둘러보고 식사도 하는 바람에 10년간 장사를 잘 하고 있지요."

"실은 그가……"

마르코스의 목소리가 약간 떨려나왔다.

"그가 죽임을 당하고 제3일에 다시 살아날 것이라고 말한 적이 있어."

아폴로스가 눈을 크게 뜨며 그를 바라보았다.

"뭐라고? 그걸 네가 직접 들었어?"

"아니, 직접 들은 것은 아니고 그의 제자들에게서 얼핏 들었는데 나사렛의 예수가 그런 말을 세 번이나 했다는 거야."

"그가 호세아 선지자의 말을 전했던 것 아닐까?"

마르코스가 그가 했다는 말을 되뇌었다.
"제3일에 우리를 일으키시리니 우리가 그 앞에서 살리라."
"허지만 호세아 선지자가 말한 제3일은 미래의 결정적인 어떤 날, 즉 주님의 날을 의미하는 것이었는데."
"허어……"
그들이 서로의 얼굴을 바라보며 어리둥절하고 있을 때 갑자기 입구 쪽이 소란해지더니 여러 명의 사내들이 들어섰다. 그들 중 하나가 갑자기 손가락을 들어 올리더니 그들을 가리키며 말했다.
"바로 이 사람들이오."
마르코스가 먼저 그를 알아보았다. 욥바에서부터 그들을 따라왔고 룻다에서 다시 만났던 그 사람이었다. 그와 함께 온 투니카 차림의 젊은이들도 욥바의 시장 거리에서 본 자들이었다. 젊은이들 중의 하나가 앞으로 나섰다.
"당신들이 베레니케 호를 타고 온 사람들이오?"
게메로스가 되물었다.
"왜 그러시오?"
"그렇다면, 알렉산드리아에서 왔겠군?"
알렉산드리아에도 유대인들의 폭동이 일어났으므로 거기서 온 네 사람이 예루살렘의 유대인들과 어떤 연결이 되어 있을 것이라고 짐작한 것 같았다.
"알면서 왜 물으시오?"
게메로스가 두건 쓴 사내를 노려보았다.
"콧날이 좀 빈약하다 싶더니."

티베리우스 때부터 황제가 속주의 총독들을 믿지 못하여 직속의 정보원, 즉 델라토르를 밀파하고 그로부터 직접 보고를 듣는 일이 자주 있었다. 로마 군대가 엠마오에 주둔하고 있는데도 사복의 정보원이 여행자를 심문한다는 것은 그들이 황제의 델라토르일 수도 있다는 뜻이었다.

"그대가 바로 칼리굴라의 개였구나."

칼리굴라 즉 카이우스 황제가 워낙 미친 짓을 많이 하고 있어서 유대인들은 황제의 정보원을 흔히 개라고 호칭했다. 게메로스가 그렇게 말하자 질문하던 젊은이가 게메로스의 팔을 움켜잡았다.

"조사할 일이 있으니 우리와 함께 갑시다."

게메로스가 그의 손을 뿌리치면서 큰 소리로 물었다.

"우리라니…… 당신이 뭔데?"

그러자 젊은이의 손이 재빨리 움직이더니 어느새 칼을 뽑아들었다. 여섯 명의 젊은이는 모두 가죽 띠에 칼을 차고 있었던 것이다. 게메로스는 니오베 앞에서 나약한 모습을 보이기 싫었는지 계속 뻗대었다.

"로마의 아이들이 로마 시민권자를 모욕하고 있군. 오늘 이 후배들에게 유대 격술의 비법을 한 수 가르쳐 줄까?"

마르코스가 아폴로스를 보며 눈을 찡긋 했다. 알렉산드리아에서 태어난 아폴로스는 부친 요아스가 만들어준 로마 시민권을 가지고 있었으나 게메로스는 아직 없었던 것이다. 게메로스가 더 버티려 하자 친구들도 따라 일어서는 수밖에 없었다. 어려서부터 함께 연습한 유대 격술을 시험해 볼 기회였다.

"자, 로마의 신사들이 먼저 시작하시지."

게메로스가 빈정거리자 칼을 뽑아든 젊은이가 그것을 휘둘렀다. 게메로스가 머리를 아래로 숙이는 것 같더니 그의 발이 공중으로 날아오르며 젊은이의 손목을 세차게 후려쳤다. 그가 칼을 떨어뜨리자 나머지 다섯 명이 일제히 칼을 뽑아들었다. 그 때 한 여인의 음성이 날아왔다.

"그만 해, 크라투스."

욥바의 시장 거리에서 그들과 함께 있던 여자였다.

"율리아, 이들은 알렉산드리아에서……"

그러나 여자는 잘라서 말했다.

"알았으니 그냥 보내."

다른 젊은이들보다 나이가 결코 많아 보이지 않는데도 율리아라고 불리운 여자의 말투는 마치 지시를 하는 것처럼 단호했다. 머리띠에 홍옥이 박혀 있는 것만 다를 뿐 그녀의 복장도 다른 젊은이들과 같았다. 그녀는 니오베를 잠시 바라보더니 다시 고개를 돌려 세 남자에게 말했다.

"식사를 방해해서 미안해요."

8

마르코스 요안네스

환한 햇살을 뒤집어쓰며 그들은 부지런히 예루살렘을 향해 올라가고 있었다. 나귀에 탄 니오베를 앞세운 채 그들은 뒤에서 걸었다. 엠마오의 마방에서 나귀를 한 필만 빌리고 남자들은 예루살렘까지 170스타디아를 걸어서 올라가기로 했던 것이다. 마르코스의 입에서 가늘게 소리가 새어나왔다.

"예수가 다시 살아나다니?"

주막 주인의 말대로 나사렛의 예수가 제3일에 다시 살아났다면 그로부터 이미 10년이 흘렀으니 그동안 여기저기에 그 모습을 나타냈을 것이다. 그러나 예수의 제자들이 그의 가르침을 전한다는 말은 들었어도 그를 보았다는 사람들은 없었는데, 욥바의 갓바치 시몬은 그를 만났다고 했다.

"그가 정말 유대인들이 기다리던 메시야였을까?"

혼자 중얼거리는 그의 말을 아폴로스가 알아들었다. 히브리어의 메시야는 헬라어로 그리스도이고 기름 부음을 받은 자라는 뜻이었다.

"그가 유대인의 왕으로 왔다고?"

기다리던 왕이 왜 처형을 당했겠느냐는 뜻이었다.

"왕만이 기름 부음을 받는 것은 아니지."

마르코스의 말은 사실이었다. 유대에서는 제사장이나 왕을 세울 때 머리에 기름을 부었고 선지자가 그 후계자에게 임무를 물려줄 때에도 머리에 기름을 부었다. 그러니까 유대인들이 기다리고 있던 메시야는 곧 제사장과 선지자와 왕을 겸한 지도자로 온다는 뜻이었다. 게메로스가 그 말을 받았다.

"그가 하나님의 말씀을 전했다면 선지자일 수도 있겠군."

마르코스는 고개를 끄덕였다.

"제사장일 수도 있어."

"대제사장에게 잡혀서 죽었는데?"

"자신의 몸을 유월절의 제물로 드렸으니 진정한 제사장이 아닐까?"

아폴로스가 걸음을 멈추었다.

"아……."

"왜 그래?"

"이제야 생각났어. 아인가림의 요한이 말한 것."

한 때 아인가림에서 자라난 아폴로스는 세례자 요한에 관심이 있어서 자주 요단강으로 찾아가 그의 말을 듣곤 했던 것이다.

"무슨 말을?"

"사람들이 자주 그에게 당신은 누구냐고 물었지. 그가 대답하기를 자신은 메시야가 아니고 그의 길을 예비하기 위해 광야에서 외치는 소리라고 했거든. 그런데 어느 날 그 나사렛의 예수가 요단강에 나타난 거야."
"그래서?"
"요한이 그를 가리켜 말하기를……"
"뭐라고 했는데?"
"보라, 세상 죄를 지고 가는 하나님의 어린 양이로다."
"어린 양?"
마르코스가 놀라며 말했다.
"그렇다면 유월절의 어린 양을 뜻하는 거 아니야?"
애굽을 탈출하기 전날 하나님은 이스라엘 백성들에게 어린 양을 잡아 그 피를 문설주와 인방에 바른 후 그 양을 구워 무교병과 쓴 나물과 함께 먹으라고 했다. 그날 밤, 애굽의 모든 장자와 짐승의 첫 새끼는 다 죽었으나 양의 피를 바른 집은 화를 면했다. 유월절(逾越節)이란 재앙이 넘어갔다는 뜻이었다.
"왕이 아니라 제물로 왔다고?"
"그 때엔 아무도 요한의 말에 관심을 갖지 않았었는데…… 메시야가 기름 부음을 받은 제사장을 의미한다면, 요한의 말대로 그가 자신을 제물로 드린 제사장이라고 할 수도 있겠군."
"유월절의 제물?"
"구원, 즉 죄로부터의 해방을 위한 대속 제물이지."
머리 위에서 빛나던 해가 서쪽으로 꽤 기울었을 때 그들은 아인가림을 지나고 있었다. 세례자 요한이 제사장 사가랴의 늦둥이 아들로 태어난 곳이었다. 그의 모친은 나사렛 예수의 외가 쪽 친척인 엘리사벳이었다. 소문에 의하면 사가랴가 성전에서 분향할 때 가브리엘 천사장의 전갈을 들었다고 했다.

"엘리사벳이 네게 아들을 낳아 주리니……"
중얼거리던 아폴로스가 마르코스를 보며 웃었다.
"그 이름을 요한이라 하라."
마르코스의 본래 이름도 요한이었던 것이다. 요한도 유대에서 흔한 이름이었다. 요하난을 줄인 것으로 '여호와는 은혜로우시다' 는 뜻이었다. 사가랴는 아이가 태어나자 그의 이름을 지어준 다음 비로소 가브리엘 천사의 말을 공개했다. 그의 말을 듣고 마을 사람들이 모두 두려워하며 말했다.
"이 아이가 장차 어찌 될꼬?"
게메로스가 그 흉내를 내어 말했다.
"아인가림의 아폴로스와 예루살렘의 요한은 장차 어찌 될꼬?"
유다 지파인 아폴로스는 알렉산드리아에서 태어나 한 때 아인가림에서 자랐고 마르코스는 예루살렘에서 태어났으나 사가랴처럼 레위 지파 출신이었다.
"그런데 아폴로스,"
고향 이야기가 나오자 게메로스가 궁금했던 것을 물었다.
"너는 유다 지파라면서 왜 아인가림에서 살았어?"
아인가림은 본래 제사장 가문인 레위 지파의 사람들이 많이 사는 마을이었다. 그래서 아폴로스의 집도 당연히 레위 지파로 알고 있었는데 유다 지파라고 했던 것이다. 그 내력을 대강 알고 있는 마르코스가 실마리를 풀었다.
"아폴로스의 부친은 레갑 사람이셨어."
"레갑 사람?"

그것은 북왕국과 남왕국의 통일을 위해 예후와 협력했던 요나답 때문에 이름이 알려진 기술자들의 집단을 말하는 것이었다. 레갑이란 본래 말을 탄 사람, 즉 기병대를 의미하는 말이었다. 기술자 집단에 그런 이름이 붙은 것은 요나답의 스승인 엘리야 선지자가 기병대 출신이기 때문이었다.

"그 선조들이 광야에서 성막의 제작을 주도했었지."

  셈의 손자 가이난은 그 집안에 전수된 건축 기술을 니므롯의 바벨탑 공사에 제공해 노아의 진노를 샀다. 아르박삿은 아들의 잘못을 만회하려고 함의 손자 니므롯의 손에 들어가 있던 금속 기술을 빼내오게 했다. 그래서 건축, 금속 기술이 데라를 거쳐 아브라함에게로 전수된 것이다. 그의 건축 기술은 이삭에게 전수되고 금속 기술은 그 서자 미디안이 물려받았다.

"광야에서 유다 지파 훌의 손자인 브사렐과 모세의 처가였던 미디안 집안의 겐 족속이 협력하여 성막을 제작했던 거야."

"그들은 본래 에브라다에 모여 살았다며?"

아폴로스가 고개를 끄덕였다.

"우리 집안도 훌의 자손이어서 에브라다에서 살았지."

"그런데 너는,"

게메로스가 한 가지를 더 물었다.

"너는 유다 지파인데 왜 알렉산드리아에서 돌아와 아인가림에 가 있었어?"

"예수처럼 내 외가도 아인가림에 있었거든."

"그런데……"

그에게는 아직도 궁금한 것이 남아 있었다.

"성전을 건축할 때에는 레갑 사람들이 나서지 않았다며?"

"나서지 않은 것이 아니라 소외되었던 거지."

"따돌려졌단 말이야?"

"우리가 알고 있다시피 하나님은 가나안 땅에 들어가게 되면 거기 살고 있는 가나안 족속을 진멸하라고 명령했어. 그런데 다윗은 가나안의 두로 왕과 가깝게 지냈고 솔로몬도 역시 성전 공사에 두로의 기술자들을 끌어들였던 거야."

"두로 왕이 다윗의 왕궁을 지어 준 때문이겠지."

"그것이 다윗의 실수였어."

아폴로스는 성전 건축 당시의 비밀을 부친에게 들어 잘 알고 있었다.

"솔로몬이 성전을 건축할 때 동원된 15만 명도 가나안 사람들이었고, 3천 6백 명의 감독관도 가나안 사람이었지. 공사를 총지휘한 히람도 두로에서 데려온 기술자였거든. 에브라다의 기술자들은 철저하게 배제되었던 거야."

그 뒤의 이야기를 마르코스가 이었다.

"성전 공사에 참여하지 못하게 된 에브라다 사람들은 죄인을 자처하며 유랑의 길에 나섰어. 하나님 앞에 죄인이 되었으므로 포도주를 안 마시고 집도 짓지 않을 것이며 평생을 장막에서 살겠다고 맹세했지."

그것은 서원 기간에 포도주를 금하는 나실인의 규례를 따른 것이었다.

"그러나 다시 통일 문제에 끼어들었다며?"

북과 남이 분단된 후 남쪽의 여호사밧은 통일을 위해 북쪽의 아합 왕과 사돈을 맺었다. 그러나 하나님이 빠진 통일의 시도는 오히려 남왕국의 타락을 가져왔다. 북에서 예후가 아합의 집을 치려고 봉기하자 레갑 사람들도 나섰다.

"레갑의 지도자 요나답은 통일의 기회가 온 것으로 판단하고 예후와 협력했던 거야. 그래서 아합의 집을 치는 일에는 성공을 했는데."

"그러나 통일은 되지 않았지."

"예후가 약속을 지키지 않았거든."

아폴로스가 고개를 끄덕였다.

"예후가 가나안의 신 바알과 아세라의 신전은 없앴으나 백성들이 예루살렘으로 가지 못하도록 북쪽에서 금송아지를 섬기던 단과 벧엘을 성소로 삼았어. 레갑의 소망은 물거품이 되었고 그들은 다시 유랑을 시작했지."

결국 북은 앗수르에 멸망당하고 남왕국도 바벨론에 정복당했다. 솔로몬이 건축한 성전은 파괴되고 하나님이 지상에 세운 나라는 사라졌다. 그리고 70년 만에 바벨론에서 돌아온 유대인들은 성전을 재건했다.

"재건 공사를 주도한 기술자가 레갑의 스룹바벨이었지?"

그는 레갑의 지도자였다.

"성전이 준공되던 날 레갑 사람들이 모두 울었다고 하더군."

"너무 좋아서?"

아폴로스가 고개를 저었다.

"솔로몬이 건축했던 것에 비해 너무 초라했거든."

유대인의 구겨진 자존심은 회복되지 않았다. 예루살렘은 다시 알렉산더에게 짓밟히고, 프톨레마이오스 왕조로 넘어갔다가 안티오쿠스 왕조에 유린당하고 또 로마의 속주가 되었다. 로마에 의해 유대왕으로 임명된 헤롯 1세는 유대인의 자존심을 회복시켜 준다며 크고 웅장한 성전을 건축하기 시작했다.

"헤롯 1세가 새 성전을 건축할 때 레갑 사람들도 그 일에 찬성했나?"

아폴로스는 고개를 저었다.

"헤롯 1세가 새 성전을 건축하기 위해 스룹바벨의 성전을 철거할 때 레갑 사람들은 다볼산 기슭으로 들어가 장막을 치고 살았지. 그들이 포도주를 마시지 않았기 때문에 사람들은 그곳을 나실인의 마을, 즉 나사렛이라고 불렀어."

게메로스가 놀라며 눈을 크게 떴다.

"그러면 나사렛의 예수도?"

아폴로스가 고개를 끄덕였다.

"예수의 아버지라는 요셉도 목수였고 그도 역시 목수였거든."

"그런데 왜 나사렛 사람들이 예수를 배척했지?"

"헤롯이 비록 웅장한 성전을 지어주었어도 레갑 사람들에게는 역시 수치였지. 그들의 꿈은 헤롯이 지은 성전도 허물고 레갑의 손으로 직접 하나님의 성전을 다시 지어 봉헌하는 것이었거든. 나사렛 사람들이 예수를 배척한 것은 그에게 성전을 건축할 의사가 없었기 때문이야."

"성전을 헐면 사흘에 짓겠다고 했다던데?"

"그건 성전이 아니라……"

마르코스가 말을 받았다.

"성전이 아니라 하나님의 나라를 의미하는 것이었다고 하더군."

게메로스가 다시 아폴로스에게 물었다.

"네 아버지도 레갑 사람이라면서, 왜 나사렛으로 가지 않으셨어?"

"스룹바벨의 성전이 철거될 때 내 조부는 알렉산드리아로 건너가셨고 거기서 내 아버지가 태어났지. 아버지는 건축 기술자가 되었지만 성전 구조의 의미를 배우려고 귀국하여 아인가림으로 들어갔던 거야. 그리고 하누카 절기에 성전 뜰에서 마르코스의 부친을 만났지."

안티오쿠스 왕조에 반기를 든 유다 마카비가 예루살렘 성전을 탈환하고 정화한 것을 기념하는 날이 수전절, 즉 하누카였다.

"그러면 마르코스, 너의 집도 본래 아인가림에 있었어?"

마르코스도 고개를 저었다.

"내 아버지는 레위 지파 출신이지만 레갑 사람들처럼 성전을 우리의 손으로 다시 지어야 한다고 생각했대. 그러나 우리 손으로 성전을 지으려면 돈이 필요하다는 것을 깨닫고 어려서부터 돈을 벌기 위해 예루살렘에 올라와 장사를 하고 있었는데 17세 되던 해에 아폴로스의 부친을 만났지."

그제서야 게메로스가 이해를 했다.

"결국 같은 생각을 가진 분들이 만나신 거로군."

"성전 뜰에서 만나 의기투합한 두 분은 뜻을 굳혔지. 한 분은 큰 장사를 해서 돈을 벌고, 한 분은 알렉산드리아로 가서 건축 기술을 더 배우기로."

"두 분 모두가 17세 때였어?"

"우리가 알렉산드리아로 떠났던 때와 같은 나이였지."

게메로스가 신기하다는 듯이 중얼거렸다.

"그럼 도대체 너희들은 언제 생긴 거야?"

"두 분 모두 10년 만에 예루살렘에 돌아와 결혼을 했대. 아폴로스의 아버지는 아인가림 출신의 신부와 함께 알렉산드리아로 돌아갔고 내 아버지는 어머니가 임신하자 곧 사업 관계로 예루살렘을 떠나셨지."

요아스의 신부는 알렉산드리아에서 아폴로스를 낳았고 이드란의 신부는 예루살렘에서 마르코스를 낳았다. 그러나 마르코스의 부친 이드란은 아들이 14세 되던 해에 알렉산드리아에서 살해당했다. 아폴로스의 부친 요아스만 살아남아 아직도 알렉산드리아의 건축 일에 종사하고 있었다.

"성전 건축의 꿈은 사라졌지."

아폴로스가 한숨을 쉬었다.

"그리고 아버지가 건축한 알렉산드리아의 건물들도 언젠가는 사라지겠지."

"그렇다면 예루살렘의 꿈은 이제 없는 거야?"

마르코스가 가라앉은 목소리로 말했다.

"결국 예수가 남겨 놓은 꿈이 오히려 현실적인지도 몰라."

"그가 무슨 꿈을 남겨 놓았는데?"

"하나님의 나라."

"그게 도대체 뭐지?"

"우리 모두가 가야 하는 나라."

그러나 그 나라보다는 우선 오래간만에 보게 될 예루살렘에 대한 기대가 그들의 가슴 속에 가득차고 있었다. 아인가림을 벗어날 때 게메로스가 말했다.
"이제 32 스타디아만 더 올라가면 예루살렘이야."

9

마르코스 요안네스

유대인들은 예루살렘을 평화라는 뜻의 '샬롬'과 관련시켜 '평강의 성'이라고 했다. 그러나 본래는 가나안 사람들이 일출과 일몰의 신으로 만들어낸 살렘의 집이었다. 원주민인 여부스 사람들은 아침과 저녁으로 붉게 물드는 언덕 위의 바위를 바라보며 자기네 땅을 살렘의 집, 즉 예루살렘이라고 했던 것이다.

"예루살렘보다는 아리엘이 더 어울려."

하나님이 예루살렘을 아리엘이라 불렀다고 선지자 이사야는 전했다. 그것은 '불타는 화로'라는 뜻이었다.

"슬프다 아리엘이여, 다윗이 진을 쳤던 성읍이여."

마르코스가 시작한 그 대목을 아폴로스가 이어 받았다.

"아리엘을 치러 오는 모든 자여, 꿈을 꾸고 환상을 보는 자 같이 되리라. 먹었어도 깨면 다시 허전해지고 마셨어도 정신이 들면 또 목마르게 될 것이라, 시온산을 치는 열방의 무리가 다 그와 같으리라."

다윗 성 남쪽의 절벽을 유대인들은 시온산이라고 했다. 시온은 하나님의 요새라는 뜻이었다. 그러나 그 하나님의 요새는 바벨론와 페르시아 그리고 헬라와 애굽, 또 로마에 의해 마구 짓밟혔다. 그리고 거기서 하나님의 아들이라던 나사렛의 예수는 참혹하게 처형되었다.

"하나님의 화로……"

그 뜨거운 화로에서 그들은 자라났다. 그 아리엘이 점점 가까워지고 있었다. 게메로스가 그 화로를 가리켰다.

"봐, 하나님의 화로가 불타고 있어."

그들은 일제히 걸음을 멈추고 게메로스가 가리키는 쪽을 바라보았다. 힌놈 골짜기의 건너편에 하스몬 왕조가 쌓은 성벽이 저녁 노을을 받아서 빨갛게 불타고 있었다. '힌놈'은 다윗이 예루살렘을 점령하기 전부터 그 골짜기를 소유하고 있던 여부스 족속 원주민의 이름이었다.

"하나님의 번제단이야."

마르코스의 입에서 신음 같은 소리가 새어나왔다.

"거기서 어린 양이 죽임을 당했지."

그러나 게메로스는 불길한 생각을 떨치며 나귀 위의 여자를 보았다.

"니오베, 저기가 내 고향이야!"

세 친구는 힌놈 골짜기를 바람 같이 가로질러 아랫성으로 들어가는 동남쪽 성문을 향해 달렸고 니오베는 나귀를 몰며 천천히 그 뒤를 따랐다. 성을 삼킬 듯 타오르던 노을이 어느새 땅거미 속으로 잦아들자 육중한 성문 앞에 유령처럼 늘어서 있는 사람들이 보였다. 경비병들이 출입자들을 하나하나 검문하고 있었던 것이다.

"여기도 로마군이 들어와 있군."

헤롯의 경비병들 뒤에서 로마의 군관이 검문 상황을 지켜보고 있었다.

"네 차례가 되었나보다, 아폴로스."

로마 시민권을 가지고 있는 아폴로스가 로마 군관에게로 다가갔다.

"수고하십니다."

군관이 손을 저으며 말했다.

"줄을 서시오."

"나는 로마 시민권자요."

아폴로스가 로마어로 말하자 그가 정중하게 물었다.

"무슨 일입니까?"

"욥바에 볼일이 있어 다녀오는 길인데 먼저 통과시켜 줄 수 있겠소?"

"성 안의 상황이 좋지 않다는 것을 아십니까?"

"페트로니우스 총독의 관원에게서 내용은 대강 들었소이다."

수리아 총독의 이름을 대자 군관은 더 친절해졌다.

"조심하십시오."

아폴로스는 다시 일행을 가리키며 소개했다.

"내 동료들입니다."

"알겠습니다."

그렇게 해서 세 친구와 니오베는 성문을 신속하게 통과했다. 아랫성에서 윗성으로 들어가는 문도 역시 그런 식으로 통과한 후 빠른 걸음으로 걷기 시작한 지 얼마 안 되어 그들은 다락방이 올려다 보이는 마르코스의 집 앞에 이르렀다. 나사렛의 예수가 그 제자들과 마지막 식사를 했던 방이었다.

"뭐지?"

이미 날이 어두웠는데도 대문이 열려 있고 불빛이 환한 마당 안에는 사람들이 웅성거리고 있었다. 집안의 무슨 행사가 있는 날도 아니었고 유월절은 아직 사흘 뒤였다. 그런데도 집 안의 분위기는 10년 전의 그 날 저녁처럼 어수선했다. 대문 안을 기웃거리며 게메로스가 물었다.

"무슨 날이야?"

자세히 보니 사람들이 마당 여기저기에 모여 앉아 식사를 하고 있었다.

"글쎄…… 모르겠어. 어쨌든 좀 들어가서 쉬다 갈래?"

그러자 두 친구가 거의 동시에 대답했다.

"아니야, 우리도 빨리 가서 가족을 만나야지."

아폴로스의 집은 헤롯의 궁보다 더 북쪽에 있었고 게메로스의 집으로 가려면 연극장이 있는 동쪽으로 접어들어야 했다.

"그러면, 나중에 연락해서 다시 만나자."

마르코스는 두 친구와 번갈아 포옹하며 작별을 한 후 그들을 보냈다. 마침 음식을 들고 나오던 처녀가 그의 행색을 살펴보더니 놀라며 외쳤다.

"어머, 마르코스 오빠 아니세요?"

"넌…… 누구냐?"

"오빠, 저 로데예요."

"뭐라구, 네가?"

마르코스가 집을 떠나던 날 그의 모친은 혼자서 지나기가 적적할 것 같다며 친척 집에서 계집애 하나를 양녀로 데려왔던 것이다.

"네, 맞아요. 제가 로데예요."

그가 놀라며 많이 컸다는 말을 하기도 전에 로데는 안으로 뛰어들어갔다. 10년 전에는 일곱 살짜리였는데 어느새 엉덩이가 제법 커보였다. 얼마 안 되어 마르코스의 어머니 마리아가 로데보다 앞서서 구르듯 달려나왔다.

"마르코스가 왔다구?"

"네, 어머니."

끌어안은 모친의 어깨가 10년 전보다 조금 야윈 것처럼 느껴졌다. 그러나 활달한 성품은 조금도 달라진 것 같지 않았다.

"무정한 놈아, 어미가 보고 싶지도 않더냐?"

아들도 지지 않고 대꾸했다.

"과부 어머니 재미 좀 보시라고 일부러 늦장을 부렸지요. 그런데 10년 전보다 손님이 더 많아진 걸 보니 그동안 재미가 좀 과하셨나?"

모친이 그의 손을 잡아끌었다.

"일단 안으로 들어가자."

10
마르코스 요안네스

　로데가 가져온 인진차를 한 모금 마시며 마르코스는 10년 만에 상봉하는 모친의 환한 얼굴을 바라보았다.
　"안색이 밝으셔서 보기에 좋군요."
　모친도 마르코스의 얼굴에서 눈길을 떼지 못하고 있었다.
　"아들이 돌아왔으니 그럴 수밖에 없지."
　"도대체 무슨 일이 있어서 마당에 사람들이 저리 가득한 거죠?"
　"그건 나중에 말하고, 우선 네 이야기부터 들어보자. 내가 듣기로는 알렉산드리아에서도 폭동이 날 것 같다고 하던데."
　"그래서 이렇게 도망쳐 왔지요."
　모친이 또 웃으면서 고개를 끄덕였다.
　"내가 깜빡 잊고 있었구나. 내 아들이 본래 겁쟁이였다는 것을."
　나사렛의 예수가 체포되던 10년 전의 그날 밤에도 아들은 맨몸에 두르고 있던 겉옷마저 벗어던지고 벌거숭이로 도망쳐 왔던

77

것이다.

"겁쟁이가 아니라 어머니를 걱정시키지 않으려는 거예요."

"그게 그거 아니야?"

모친은 미소를 지으며 다시 본래의 이야기로 돌아갔다.

"그쪽에서도 결국 갈 데까지 갈 것 같으냐?"

"플라쿠스 총독이 헬라인과 유대인 양측의 사절단을 카이우스 황제에게 파견하기로 했지요. 헬라인 측에서는 아피온이라는 상인이 대표가 되었고 유대인 측에서는 철학자 필로가 뽑혔습니다."

"황제 앞에서 협상이 잘 될 것 같아?"

"아뇨."

마르코스가 고개를 저었다.

"유대인 대표단이 황제를 신격화하는 것에 찬성할 수 없을 테니까요."

"걱정이로구나."

"여기선 어떻게 하고 있나요?"

"그 일 때문에 아그립바 왕이 로마로 갔어."

"아그립바 왕은 어렸을 때부터 황제와 친했다고 하니까 혹시 잘 설득하면 눈을 감아 줄 수도 있겠군요."

"황제가 워낙 별나서 문제지. 로마에 있는 남녀 신상들의 목을 다 잘라내고 자신의 두상을 얹도록 했다더구나. 또 자신의 말을 집정관으로 대우하라며 마굿간을 대리석으로 짓고 보랏빛 양탄자를 깔도록 했대."

"요엘의 그 날이 가까웠나 봐요."

그는 이세벨의 딸 아달랴가 남왕국 유다를 다스리던 때의 선지자였다. 하나님의 날이 가까우면 심판의 골짜기에 해와 달이 캄캄해지고 별들이 그 빛을 잃을 것이라고 전했던 것이다.

"미친 사람들이 세상을 다스리는 시대니까."

모친은 다시 궁금하던 것을 더 물었다.

"그래, 그건 그렇고 네 아버지에게 해를 입힌 자가 누구인지는 알아냈느냐?"

마르코스는 고개를 저었다.

"못 찾았어요."

"10년 동안이나 뒤지고 다녔는데도?"

"우선 아버지를 해칠만한 원인을 세 가지로 가정해서 찾아보았는데…… 평소에 원한이 있었다든가, 아버지와 예민한 경쟁 관계에 있었다든가, 또는 아버지의 소유물 중에 뭔가 탐을 낼만한 것이 있었다든가."

"그래서?"

"평소에 대인 관계가 원만하고 어려운 사람들을 많이 도와주는 분이므로 아버지에게 신세를 진 사람들은 많아도 원한을 살 만한 사람은 없었다더군요. 또 거래선을 독점하지 않는 분이어서 장사의 경쟁자도 별로 없었구요."

"선적된 물목 중에 귀중품 같은 것도 있었을 텐데."

아들은 고개를 저었다.

"거의가 늘 거래하던 품목들뿐이었답니다."

모친은 13년이라는 시간이 지났는데도 남편의 모습이 눈에 선한 것 같았다.

"배가 도착하자마자 당하셨다지?"

"크레타 섬에서 출항한 배가 알렉산드리아에 도착한 바로 직후였어요."

"어디를 거쳐 크레타 섬까지 갔다고 하더냐?"

레위 지파의 여인답게 모친의 질문은 간결하고 치밀했다.

"평소에 늘 다니시던 에게와 아드리아 항로였지요. 항해 일지를 보면 두로와 셀류기아를 거쳐 사모스 섬과 아테네에 들렀고 다시 이탈리아 남부의 크로토네와 타렌툼을 돌아 크레타 섬에 들어가셨던 것 같습니다."

"선적된 품목들은?"

"아버지가 돌아가신 후 세관의 감독하에 중간상인들에게 판매되었고 별도 탁송한 몇 가지 고가품들도 잘 처분되었지요. 모두가 옷감, 향료 등 일반 상품이었고 눈에 띨만한 것은 별로 없었답니다."

선적 화물을 처분한 대금은 당시 알렉산드리아 세관으로부터 마르코스의 집으로 정확하게 송금되었다. 또 법무사가 청산한 사업상의 잔액 등도 알렉산드리아 행정관의 확인을 거쳐 마르코스의 모친이 모두 돌려받을 수 있었다.

"습격당한 장소는?"

"세라피스 신전 쪽으로 올라가는 도로였어요. 배가 입항하자마자 아버지는 장사 길에 수집한 서적들을 수레에 싣고 세라피온에 있는 비블리오테케의 별관에 납품하러 가는 길에 변을 당하신 모양이에요."

"도서관에 납품을?"

모친은 그 점에 뭔가 짚이는 것이 있는 모양이었다.
"아버지는 서적 납품에 더 열심이셨다네요."
알렉산드리아의 도서관은 프톨레마이오스 1세가 처음 세웠을 때부터 온 세상의 귀중한 서적들을 극성스럽게 수집하는 것으로 유명했다. 그 서적들을 수집해서 도서관에 납품한 자들은 마르코스의 부친 이드란처럼 여러 나라를 드나들며 교역하는 상인들이 대부분이었다.
"서적을 실은 수레는 말이 끄는 것이었대?"
마르코스가 고개를 저었다.
"아뇨, 나귀가 끄는 것이었답니다."
"그럼, 수레나 나귀의 주인이 현장에 있었을 것 아니냐?"
"수레 주인도 함께 당했답니다."
모친이 잠시 생각을 해 보다가 다시 입을 열었다.
"그렇다면 범인이 두 사람인 게로구나."
"네?"
"큰 길에서 한 명이 동시에 두 사람을 습격한다는 것은 쉽지 않은 일이지."
"그렇겠군요."
그는 부친과 수레 주인을 살해한 범인으로 한 명이거나 또는 여러 명을 생각했는데 모친이 두 명이라고 짚어서 말한 것은 좀 의외였다.
"목격자는 없었다더냐?"
"찾지 못했습니다."
"납품할 두루마리들은 없어졌고?"

"아뇨, 그대로 있었답니다."
"그대로?"
모친이 고개를 갸웃거리며 다시 물었다.
"납품할 서적의 목록과 현품은 모두 대조해 봤겠지?"
"물론이죠. 품목 그대로 모두 있었습니다.
"특별한 서적은?"
"모두가 수학과 천문학 등에 관한 것이고 별 특이한 것은 없었지요."
"검시관은 만나보았니?"
"네. 아마시스라는 애굽인 검시관이었는데 비교적 정밀하게 검시를 했더군요. 두 사람 모두 칼에 맞았는데 아버지는 비수에 가슴을 찔려 심장의 동맥이 절단되었고 수레 주인은 등 쪽에서 들어온 긴 칼이 배까지 관통했답니다."
"상처의 특징은?"
"검시관의 기억으로는…… 마부의 상처가 등과 배를 관통하고 있는 것으로 보아 양면의 날이 날카로운 장검에 찔린 것 같았고 아버지를 찌른 비수는 날의 양면이 모두 날카롭지 않고 둔한 흉기였다고 하더군요."
"날이 둔한 흉기……?"
모친은 고개를 갸웃거렸다. 계획적인 살인에 날이 둔한 흉기를 사용한 것도 이상했고 그것으로 정확하게 심장의 동맥을 잘랐다는 것을 이해하기가 어려웠던 것이다. 모친의 그런 생각을 안다는 듯 마르코스가 설명을 보탰다.
"저도 그 설명이 납득하기 어려웠지만"

그는 조심스럽게 모친의 안색을 살피며 말을 이었다.
"아버지의 시신을 못 보았으므로."
모친이 다시 그에게 물었다.
"감람산에도 한번 가보고 싶다는 거야?"
스가랴 선지자의 글에 장차 하나님의 날이 오면 그분의 발이 예루살렘 동편 감람산에 서실 것이라고 했다. 그것 때문에 예루살렘 사람들 중 돈깨나 있는 사람은 감람산에 묘지를 쓰고 있었다. 마르코스의 부친 이드란의 묘도 그 감람산에 있었던 것이다.
"글쎄요, 벌써 13년이나 지났는데."
"그렇다면……"
모친이 다시 아들의 눈을 찬찬히 들여다보더니 말했다.
"이제 그쯤 해서 끝내는 것이 어떻겠니?"
젊은 아들이 더 이상 과거에 매달려 사는 것이 안쓰럽다는 뜻이었다. 모친은 레위 가문의 여인답게 모세의 신명기에 나오는 구절을 인용했다.
"하나님도 원수 갚는 것은 내게 맡기라고 하셨거든."
"그러나 어머니, 사람의 생명을 해친 사람이 착한 사람들 속에 버젓이 살아 다니고 있다는 것은 용납하기가 어렵군요."
모친은 아들의 생각을 억지로 바꾸려 하지 않았다.
"잘 생각해 보자꾸나."
마르코스는 그제서야 자신이 묻고 싶은 말을 다시 꺼냈다.
"그런데…… 밖에 있는 사람들은 누구죠?"

마르코스 요안네스

　어머니의 시선이 아들을 쓰다듬고 있었다. 10년 만에 돌아온 아들의 마음도 이미 모친의 품 속에 있었다.
　"모두가 나사렛 예수를 따르는 사람들이란다."
　"네?"
　"이제 모두 한 형제가 된 거야."
　"나사렛의 예수는 이미 10년 전에 죽었지 않습니까?"
　유대인의 유월절은 니산월 14일 저녁에 시작하여 이튿날 저녁까지였다. 예수는 절기가 시작된 저녁에 마르코스의 집 다락방에서 제자들과 식사를 나누고 감람산으로 가서 기도하다가 붙잡혔다. 마르코스가 겉옷을 벗어던지고 황급히 도망쳐 왔을 때 그의 제자들도 게바와 요한과 가룟의 유다를 빼고는 모두 돌아와 있었다.
　"많은 사람들이 그분의 마지막을 지켜보았지."
　그날 밤 도망쳐 온 제자들의 말을 듣고 마르코스의 모친은 가야바 대제사장의 집으로 달려갔다. 갈릴리에서 예수를 따라온 여인들도 뒤를 따랐다.

"무서운 밤이었어."

가야바의 집으로 붙잡혀갔던 나사렛 예수가 총독의 관정으로 넘겨지고 그리고 필라투스에 의해 헤롯 궁으로 보내졌다가 다시 관정으로 끌려온 일은 그도 들어서 알고 있었다.

"형장으로 가는 것은 저도 보았지요."

유월절의 아침, 채찍에 맞아 피투성이가 된 나사렛 예수는 십자가를 지고 관정을 나섰다. 거리에 몰려나온 사람들 속에서 그의 딱한 모습을 지켜본 마르코스와 그의 친구들은 그날 알렉산드리아로 떠날 것을 작정했던 것이다.

"어머니도 골고다까지 따라 갔다면서요?"

모친은 고개를 끄덕였다. 예수의 마지막을 지켜본 여인들 중에는 적어도 다섯 명의 마리아가 있었다. 예수의 모친 마리아와 작은 야고보의 모친 마리아, 글로바의 아내 마리아, 막달라에서 온 마리아 그리고 마르코스의 모친 마리아였다. 마리아는 미리암을 헬라식으로 바꾼 이름이었다.

"그가 마지막으로 남긴 말은 무엇이었지요?"

마르코스는 그것이 궁금했다.

"우리가 십자가에서 조금 떨어져 있었기 때문에 다 듣지는 못했어. 그러나 마지막으로 크게 외친 말씀은 들을 수 있었지."

"뭐라고 했는데요?"

모친은 잠시 뜸을 들였다가 입을 열었다.

"다 이루었다."

"네?"

세상은 아직 끝없는 갈등과 혼란 속에 요동치고 있었다. 하나님의 백성을 자처하던 유대인들은 그들이 흩어져간 모든 나라에서 말썽을 일으켰다. 그런데도 예수는 이미 10년 전에 모든 것을 다 이루었다고 외치며 눈을 감았다고 했다. 그리고 아무것도 이루어지지 않은 그날, 마르코스와 두 친구는 유대를 떠났다.

"성경에 적혀 있는 대로 다 이루셨다는 뜻이었어."

"결국 그 성경이……"

성경이 유대인뿐 아니라 예수까지도 피를 흘리게 한 것이었다.

"시신을 아리마대 요셉의 무덤에 장사했다던데,"

마르코스는 다시 궁금했던 것의 핵심으로 들어섰다.

"그가 살아났다는 소문이 있더군요."

모친이 고개를 저었다.

"소문이 아니라 정말로 살아나셨다."

"네?"

"유월절을 지내고 안식 후 첫날 새벽에 여인들 몇이 그분의 시신에 향품을 바르기 위해 무덤을 찾아갔었거든."

"예수의 제자들은요?"

미명에 여자들만 무덤에 보냈다는 것이 이상했다.

"은 30을 받고 그분을 밀고한 가롯 유다는 나무에 목을 매어 자살했으나, 다른 제자들에게까지 체포령이 내렸을 것 같아 모두들 이 집에 숨어 있었지."

"어머니도 무덤에 같이 가셨나요?"

"아니, 막달라의 마리아와 알패오의 아내 마리아 그리고 요한과 야고보의 모친이 그들과 함께 갔었어."

"그래서요?"

"가서 보니 무덤을 막아 놓았던 큰 돌이 이미 굴려져 있었고 무덤 안에는 흰 옷을 입은 한 젊은이가 앉아 있더라는 거야."

"누구였답니까?"

"그가 말하기를 나사렛의 예수께서 이미 살아나셨다고."

모친은 그가 하늘의 소식을 전하는 천사라고 믿는 것 같았다. 그러나 때가 새벽이고 무덤에 찾아간 것이 여자들 뿐이었다면 무서움에 사로잡혀 환청이나 환각을 실제 있었던 일처럼 믿을 수도 있었을 것이었다.

"그렇다면, 살아난 예수를 직접 본 것은 아니군요?"

"아니, 실제로 보기도 했어."

"네?"

"여자들이 놀라고 무서워서 모두 도망쳐 왔는데 아쉬워서 뒤에 처져 있던 막달라의 마리아에게 그분이 나타나셨대."

게네사렛 호반의 막달라에서 처음 예수를 만나 귀신 들림에서 놓여난 마리아는 평소에 예수를 그림자처럼 따라다니며 섬기던 여자였다. 여러 사람이 같이 본 것도 아니고 예수에게 남다른 열성을 보이던 그녀 혼자서 그를 보았다면 그것도 역시 믿을만한 증언이 될 수는 없었다.

"그래서요?"

"그 말을 듣고 게바와 세배대의 아들 요한이 뛰쳐나가 무덤으로 달려갔지만 무덤은 역시 비어 있었다는 거야. 그들은 결국 시신을 감았던 세마포와 머리에 둘렀던 수건만 가지고 돌아왔지."

시신이 없어졌다는 것만으로 죽은 자가 살아났다는 증거가 될 수는 없었다. 게바와 요한을 비롯해서 다락방에 숨어 있던 다른 제자들도 그녀의 말을 믿을 수 없었을 것이었다.

"막달라의 마리아가 혼자서 보았다는 것은 아무래도……"

그러나 모친은 말을 계속했다.

"아니, 두 사람이 함께 만나본 적도 있어."

"둘이서요?"

"글로바와 또 한 제자가 예루살렘에서 욥바로 내려가는 도중에 그분을 만나 동행했고 주막에서 함께 식사까지 했다는 거야."

또 한 제자란 욥바의 갖바치 시몬이었을 것이었다.

"그들이 엠마오로 가던 길이었나요?"

"맞아, 너도 소문을 들었구나?"

"오는 길에 주막 주인에게서 들었지요."

"그들이 황급히 돌아와서 제자들에게 자기네가 겪은 일을 전했는데도 그들은 여전히 믿지 못했어. 그러나 이번에는 다시 열 제자가 우리 집 다락방에서 함께 식사를 하고 있을 때 그분이 나타나신 거야."

"열 제자요?"

가룟 유다가 자살했어도 나머지는 열 하나였을 것이었다.

"도마가 그 자리에 없었거든."

"어쨌든 그 때는 어머니도 그분을 보셨겠군요?"

"아니, 제자들만 뵈었어."

"네?"

"관원들이 잡으러 올까봐 겁을 낸 제자들이 다락방의 문을 안에서 걸어 잠근 채 있었는데 그분이 방 안에 나타나셨던 거야."

마르코스는 어리둥절하여 생각을 모으고 있었다. 두 사람 또는 열 사람이 동시에 같은 환상을 보았다는 것이 이해하기 어려웠던 것이다. 더군다나 그는 안에서 문을 잠가 놓은 다락방에 홀연히 나타났다고 했다.

"그렇다면……"

그는 피타고라스의 말을 생각하며 다시 물었.

"제자들이 영을 본 것은 아닐까요?"

피타고라스는 인간의 육체가 죽더라도 영이 다시 환생한다고 말했던 것이다. 그러나 모친은 손을 내저었다.

"그 날 자리에 없었던 도마가 나중에 돌아와서 그 말을 듣고 지금 네가 했던 것과 똑같은 말을 했단다. 자네들이 아마 영을 본 모양이라고. 또 그 손의 못자국에 손을 넣어보기 전에는 믿지 못하겠다고 말했지."

"그런데요?"

"그로부터 여드레 후에 도마까지 합해서 열 한 제자가 다락방에 모두 있을 때 그분이 다시 나타나셨어."

마르코스가 고개를 앞으로 내밀었다.

"도마가 정말 그분을 만졌나요?"

모친이 고개를 끄덕였다.

"그분이 말씀하시기를 영은 살과 뼈가 없으나 나는 있노라고 하시며 도마를 불러 내 손의 못자국에 네 손을 넣어보라고 하셨어. 또 십자가에 달려 계실 때 로마 병사가 그분이 숨진 것을 확인하려고 옆구리를 창으로 찔렀는데 그곳에도 손을 넣어보라고 하셨던 거야."

"그래서, 확인을 했답니까?"

마르코스는 모친에게 유클리드 식의 결론을 다그쳤다.

"물론이지."

"만졌다구요?"

"뿐만 아니라 제자들의 식탁에 놓여 있던 구운 생선을 잡수시고 갈릴리에서 다시 만나자며 사라지셨다는 거야."

영이 식사를 한다는 말은 마르코스도 들어본 적이 없었다.

"이렇게 확실히 증명하였다……"

유클리드 식의 결론을 중얼거리자 모친이 물었다.

"뭐라고 했니?"

"아, 아니에요. 제자들이…… 갈릴리에 가서도 예수를 만났나요?"

"물론이지. 게바와 그의 아우 안드레 그리고 세배대의 아들 요한과 야고보 형제가 티베리아스의 바다에서 나다나엘, 빌립, 도마 등과 함께 고기를 잡으러 나갔다가 바닷가에 모닥불을 피워 놓고 기다리시는 그분을 만났단다."

"일곱 명이었군요."

열 명 그리고 열 한 명이 함께 보았다더니 이번에는 또 일곱 명이었다.

"그분은 모닥불에 떡과 물고기를 구워 놓고 계셨다는구나."

"혹시……"

그가 고개를 갸웃거리며 조심스럽게 물었다.

"다락방에 숨어 있던 제자들이 이제부터 나사렛의 예수가 살아난 것으로 선전하자고 약속을 했던 것은 아닐까요?"

그러자 모친이 빙그레 웃으며 아들을 바라보았다.

"그런데 아들아, 어쩌겠니? 실은 나도 그분을 보았는걸."

마르코스는 놀라며 눈을 크게 떴다.

"네? 언제요?"

그는 지금 어머니 아닌 다른 세상의 사람과 대화를 하고 있는 느낌이었다.

"무슨 말씀이세요?"

"부활하신 지 40일 만에 다시 예루살렘에 나타나신 그분은 갈릴리에서 돌아온 제자들과 또 자신을 따르던 많은 사람들을 감람산으로 불러 모으셨어. 약 500명 정도가 그곳에 모였고 그분은 마지막 당부의 말씀을 하셨지."

"뭐라고 당부했나요?"

"온 천하에 다니며 만민에게 복음을 전파하고, 성부와 성자와 성령의 이름으로 세례를 주라. 믿고 세례를 받는 자는 구원을 얻을 것이요, 믿지 않는 자는 정죄를 받으리라. 믿는 사람에게는 이런 표적이 따르리니……"

"표적이라구요?"

"곧 그들이 내 이름으로 귀신을 쫓아내며, 새 방언을 말하며, 뱀을 집으며, 무슨 독을 마실지라도 해를 받지 아니하며, 병든 사람에게 손을 얹은즉 나을 것이라."

모친은 잠시 쉬었다가 다시 말을 이었다.

"그리고 말씀하시기를…… 예루살렘을 떠나지 말고 내게 들은 바 아버지의 약속하신 것을 기다리라. 요한은 물로 세례를 베풀었으나 너희는 몇 날이 못 되어 성령으로 세례를 받으리라."

"성령의 세례라구요?"

예수는 내가 가면 보혜사 성령이 오시리라고 했었다.

"그 때 우리가 물었지, 주께서 이스라엘을 회복하심이 이 때입니까?"

"그래서요?"

"때와 기한은 아버지께서 자기의 권한에 두셨으므로 너희의 알 바가 아니요 오직 성령이 너희에게 임하시면 너희가 권능을 받고 예루살렘과 온 유대와 사마리아와 땅끝까지 이르러 내 증인이 되리라."

"증인이 될 것이라고 했나요?"

그는 또 유클리드의 증명을 생각하고 있었다.

"아, 그분이 더 남기신 말씀은,"

모친이 다시 그 한 가지를 덧붙였다.

"볼지어다, 내가 세상 끝날까지 너희와 항상 함께 있으리라."

그는 믿음으로 충만한 모친의 얼굴을 바라보았다. 어딘가 낯설어 보이기는 했으나 그녀의 말에는 거스르기 어려운 힘이 실려 있었다.

"그래서…… 예수, 그는 어떻게 되었나요?"

모친은 그 때의 광경을 떠올리는 듯 눈을 들었다.

"모든 사람이 보고 있는 가운데 그분은 올리워가시기 시작했다…… 그리고 구름이 그분을 가리워 보이지 않게 되었는데도 우리는 모두 하늘을 쳐다보고 있었지. 그 때 흰 옷을 입은 두 사람이 우리 가운데 서서 말했어."

모친은 그들 두 사람을 역시 천사로 생각하는 것 같았다.

"뭐라고 하던가요?"

"갈릴리 사람들아, 어찌하여 서서 하늘을 쳐다보느냐? 너희 가운데서 하늘로 올리우신 이 예수는 하늘로 가심을 본 그대로 오시리라."

그가 하늘로 올리워갔다는 말을 어떻게 해석해야 좋을지 몰라서 마르코스는 당황하고 있었다. 시몬의 스승 엘루마의 말에 의하면 마법에 통달한 사람은 사람들 앞에서 성벽을 통과하기도 하고, 하늘을 날기도 하며, 심지어는 큰 산을 사라지게 할 수도 있다고 했다. 그러나 믿음이 충만하여 그렇게 말하는 모친에게 그것이 마법인지도 모른다고 말할 수는 없었다.

"어머니, 그 이후에는 어떻게 되었나요?"

그 때 밖에 있던 사람들이 웅성거리는 소리가 갑자기 더 커지고 있었다. 모친이 얼른 일어서면서 말했다.

"네 외삼촌이 온 모양이다."

마르코스도 덩달아 일어서며 물었다.

"요셉 외삼촌이 오셨다구요?"

본래 키프로스에 살고 있던 외삼촌 요셉은 나사렛 예수에 관한 소문을 듣고 예루살렘으로 올라와 그의 가르침을 들었다. 그는 율법에 엄격한 레위 지파의 자손임에도 불구하고 예수의 교훈에 크게 감동했는지 그가 요단 지경으로 내려갈 때 따라가서 선뜻 세례를 받았던 것이다.

"그래, 그 이후의 이야기는 외삼촌에게 들어라."

마르코스 요안네스

    마당에서 식사를 나누고 있던 사람들이 모두 일어나 밖에서 돌아온 외삼촌을 둘러싸고 있었다. 외삼촌은 그들의 손을 잡아 주기도 하고 차례로 포옹도 하면서 그들을 위로했다.
    "주님의 평강이 여러분과 함께 하시기를 바랍니다."
    사람들도 그의 인사에 답례했다.
    "그리고 바나바님과도 함께 하시기를."
    모두들 외삼촌을 바나바라고 부르는 것을 보며 마르코스는 어리둥절했다. 외삼촌의 본래 이름은 요셉이었던 것이다.
    "바나바라니요?"
    "아람어의 바르느부아를 헬라식으로 그렇게 부른단다."
    유대와 수리아를 오랫동안 지배한 안티오쿠스 왕조의 수도는 안티오키아였고 로마 역시 안티오키아에 파견한 수리아 총독을 통해 유대를 지배했다. 수리아에서 사용되는 아람어가 히브리어와 비슷해서 아람어는 유대인의 일상어가 되었고 때로는 헬라어로 번역해서 공용어로 쓰기도 했다.

"바르느부아라면…… 위로의 아들이라는 뜻이잖아요?"

"그분을 따르게 된 이후로 네 외삼촌의 성품이 크게 바뀌었단다."

"네?"

"형제들을 돕고, 위로하는 사람이 되었거든."

마르코스가 사람들과 인사하는 그를 보며 말했다.

"정말 그런 것 같네요."

외삼촌은 성격이 워낙 까다로워서 마르코스조차도 평소에 접근하기가 어려운 사람이었던 것이다. 사람들 중의 하나가 외삼촌에게 묻고 있었다.

"게바님은 언제 오시나요?"

나사렛 예수는 본래 시몬이었던 그의 이름을 게바로 바꾸어 주었다. 게바는 아람어로 반석이라는 뜻이었고 헬라어로는 페트로스였다.

"주님의 종 게바는 조금 더 늦게 올 것 같습니다. 로마 군대가 성전 출입을 금했기 때문에 오늘은 베다니에서 말씀을 전했거든요."

마르코스가 모친을 보며 물었다.

"라사로는 어떻게 되었지요?"

나사렛의 예수가 무덤에서 불러냈다는 그 라사로의 집이 감람산 넘어 베다니에 있었던 것이다. 10년 전 산헤드린 의회가 나사렛 예수를 죽이기로 결의했을 때 그가 살려냈다는 라사로도 함께 죽이기로 하고 수배했었던 것이다.

"헬라인들이 예수님을 찾아왔던 것은 너도 알지?"

나사렛 예수에게 위험이 임박했음을 눈치챈 헬라인 몇 명이 망명을 권하기 위해 그를 찾아왔었다. 현자를 소중히 여기는 헬라로 가는 것이 생명을 구할 수 있는 방법이라고 보았던 것이다. 그러나 예수의 생각은 달랐다.

"한 알의 밀알이 땅에 떨어져 썩어야 많은 열매를 맺는다……"

예수는 그런 말로 헬라인들의 권고를 사양하며 라사로와 그의 누이들만 피신시켜줄 것을 그들에게 부탁했었다.

"라사로의 가족은 헬라를 거쳐 갈리아의 루그두눔으로 옮겨갔대."

"루그두눔이라구요?"

"왜 그렇게 놀라니?"

"안디바와 헤로디아가 그곳에 유배되었다고 들었거든요."

"헤로디아의 딸 살로메가 거기서 죽었지."

살로메는 헤롯 안디바에게 세례자 요한의 머리를 달라고 요구했던 아이였다.

"네?"

"얼어 있는 강을 건너다가 깨진 얼음에 목이 잘렸다는구나."

"저런……"

모친과 이야기를 나누며 그는 마당에 모여 있는 사람들을 살펴보았다. 얼굴이나 몸을 싸맨 병자들이 많았고 침상에 누워 있는 이도 있었다.

"모두들 게바의 기도를 받으려고 온 사람들이란다. 베다니에 있는 라사로의 집이 병자들을 돌보는 장소로 사용되고 있는데 게바가 이 집에서 유숙한다는 소문을 듣고 그 중의 일부가 이 곳으로 찾아온 거야."

"그가 기도하면 병이 낫나요?"

"물론이지."

그 때 병자 중의 하나가 큰 소리로 말했다.

"바나바님이라도 우리를 위해 기도해 주세요."

그러자 외삼촌은 손을 내미는 병자들을 하나씩 붙잡고 기도하기 시작했다. 그가 기도하는 모습이 매우 진지하고 그 음성이 하도 부드러워 멀리서 온 마르코스 자신도 피로가 일시에 가시는 것 같았다.

"외삼촌, 저 마르코스에요."

기도가 다 끝나기를 기다려서 그가 외삼촌을 불렀다.

"아니…… 마르코스, 언제 왔느냐?"

외삼촌은 조카를 끌어안았다.

"조금 전에 와서 어머니를 만났어요."

"잘 왔다."

"바쁘신 것 같아 보기에 좋군요."

마당에 있는 사람들이 모두 외삼촌을 바라보고 있는데 그를 안으로 끌어들여서 따로 만나기가 어려울 것 같았다. 그는 마당에 깔려 있는 멍석에 외삼촌과 함께 앉았다. 외삼촌이 그의 손을 잡았다.

"알렉산드리아도 술렁거리고 있다지?"

"여기도 마찬가지로군요."

"세상이 어지러워서 샬롬이라는 말이 더 절실한 것 같구나."

"그래도 이 곳에 모여 있는 사람들은 다 평강 속에 있는 것 같네요."

"주님이 우리와 함께 계시니까."

모친이 전해준 나사렛 예수의 마지막 말이 생각났다. 세상 끝 날까지 너희와 항상 함께 있으리라고 했다는 그의 약속이었다.

"외삼촌도 아시다시피······"

모친은 예수가 살아난 후의 이야기를 외삼촌에게 들으라고 했었다.

"저는 나사렛의 예수가 처형을 당해 무덤에 들어간 그날 밤에 예루살렘을 떠났거든요. 알렉산드리아에 있는 동안 고향에서 생긴 일들을 소문으로만 들었는데 아까 어머니에게서 그 예수가 다시 살아났다는 이야기를 들었어요."

"아, 그랬구나."

"그런데······ 그 이후에는 무슨 일이 있었나요?"

외삼촌이 빙그레 웃더니 고개를 돌리며 다락방을 가리켰다.

"저기서 있었던 일은 들었어?"

마르코스는 다락방으로 올라가는 계단을 바라보았다. 10년 전의 그 날 저녁, 제자들과 함께 유월절 식사를 마친 나사렛의 예수가 감람산으로 가기 위해 그 계단을 내려오던 모습이 지금도 눈에 선했다.

"저 다락방에서요?"

외삼촌이 고개를 끄덕였다.

"그분이 감람산에서 하늘로 올리우신 그 날, 제자들은 일단 돌아와 저 다락방에 모였어. 주님의 열 한 제자와 그분의 형제들과 나를 포함해 그분을 따르던 자들 그리고 그분의 모친 마리아와 막달라 마리아를 비롯해 갈릴리에서 온 여자들 그리고 너의 모친까지 그 수가 거의 120명이나 되었지."

다락방이 꽤 넓은 편이기는 했으나 거기 120명이 들어가 앉았다면 거의 빈틈이 없었을 것이었다. 그가 이야기를 시작하자 마당의 모든 사람들이 필시 몇 번이고 들었을 그의 말에 귀를 기울이고 있었다.

"그래서요?"

"먼저 열 두 제자 중 자살한 가롯 유다 때문에 생긴 빈자리에 맛디아라는 사람을 채워 넣기로 결정하고 그날부터 모두들 오직 기도만 하고 있었지."

마르코스는 다시 그 다락방을 올려다보았다.

"저기서요?"

"약속한 것을 기다리라고 하셨으니까."

"그런데 거기서 도대체 무슨 일이 생긴 겁니까?"

바나바는 잠시 숨을 돌렸다가 말을 이었다.

"기도가 시작된 지 열흘째 되는 날이었지. 갑자기 급하고 강한 바람 같은 소리가 온 방에 가득하고 불의 혀 같이 갈라지는 것이 모든 사람에게 보였어. 그것이 한동안 각 사람 위에 임하여 있는 것 같더니 갑자기 모두가 각기 다른 방언으로 크게 말하기를 시작한 거야."

"방언이라뇨?"

마르코스가 믿을 수 없다는 듯 눈을 크게 떴다.

"누군가 내 혀를 주장하고 있는 것 같았어."

"무슨 말을 했는데요?"

"마치 누군가에게 이끌리듯 우리 모두가 일제히 일어나 밖으로 나가며 나사렛의 예수가 다시 살아나셨으니 회개하고 복음을 믿으라고 외치기 시작했어. 마침 칠칠절 기간이라 각국에 나가 살던 동포들이 예루살렘에 와 있었는데……"

첫 열매를 드리고 나서 49일째가 되는 칠칠절은 유월절, 초막절과 함께 유대의 3대 절기 중 하나였다.

"그래서요?"

"그들 중에는 파르티아와 메대 그리고 엘람과 메소포타미아에서 온 사람도 있었고 갑바도기아와 폰투스, 브루기야, 밤빌리아 심지어는 크레타, 애굽, 리비아 그리고 로마와 아라비아에 이르기까지 각국에서 온 자들이 있었어. 그런데 우리 120명이 나가서 말하자 그들 모두가 자기네가 사는 나라의 방언으로 들은 거야."

"그럴 수가……"

"기적이었지. 바벨탑에서 달라진 언어로 생겼던 불통의 장벽이 다시 소통하는 언어로 바뀌는 것을 직접 체험했어."

"기도에 몰입하다 보면 그런 현상이 생길 수도 있나요?"

외삼촌이 웃으며 고개를 흔들었다.

"어떤 사람들은 우리가 새 술에 취한 것 같다고 말하기도 했어. 그 때 갑자기 게바가 앞으로 나서더니 사람들에게 큰 소리로 말하기 시작했지."

"게바가요?"

그는 게네사렛 호수에서 고기를 잡던 어부였다.

"여러분, 내 말을 들으시오."

외삼촌은 게바의 말투를 흉내내어 말했다.
"지금은 제3시입니다."
유대인들은 해가 뜰 때로부터 질 때까지를 12시간으로 나누어 사용했다. 제3시는 해가 뜬 지 3시간 후를 말하는 것이었다.
"우리가 술에 취한 것이 아니라 요엘 선지자의 말대로 된 것입니다."
"요엘 선지자요?"
마르코스는 조금 전에도 모친과 그 선지자의 이야기를 나누고 있었다.
"게바는 요엘 선지자의 말을 인용했어."
"어떤 대목이었지요?"
외삼촌은 눈을 지그시 감으며 그 대목을 외우기 시작했다.

말세에 내가 내 영으로 모든 육체에게 부어주리니
너희의 자녀들은 예언할 것이요
너희의 젊은이들은 환상을 보고
너희의 늙은이들은 꿈을 꾸리라……

외삼촌은 요엘서 2장의 뒷부분을 끝까지 모두 외워나갔다.
"그 때에 내가 내 영으로 내 남종과 여종들에게 부어 주리니 저희가 예언할 것이요, 또 내가 위로 하늘에서는 기사를, 아래로 땅에서는 징조를 베풀리니 곧 피와 불과 연기로다. 주의 크고 영화로운 날이 이르기 전에 해가 변하여 어두워지고 달이 변하여 피가 되리라."

외삼촌은 그 대목의 마지막 말씀에 힘을 주었다.

"누구든지 주의 이름을 부르는 자는 구원을 얻으리라."

그러자 마당에 모여 앉았던 사람들이 두 손을 치켜들며 큰 소리로 외쳤다.

"할렐루야!"

"주여, 우리를 구원하소서."

게네사렛의 어부였던 게바가 선지자 요엘이 전한 그 말씀을 다 외워서 들려주었다는 것부터가 신기했다. 당시 직접 들은 사람들은 더 놀랐을 것이었다.

"게바는 또 이렇게 말했지."

바나바는 계속해서 게바가 말한 내용을 들려주었다.

"이스라엘 사람들이여, 이 말을 들으시오. 여러분도 아는 바이지만 하나님께서 나사렛 예수를 통해 큰 권능과 기사와 표적을 여러분 가운데서 베푸시고 당신들 앞에서 그분을 증거하셨습니다."

"증거하셨다……"

마르코스는 또 유클리드의 증명을 생각하고 있었다. 그러나 그를 증거한 이는 유클리드가 아니라 하나님이라고 했다.

"하나님의 정하신 뜻대로 그 아들을 내어주었으나 당신들이 무법자들의 손을 빌어 그분을 못박아 죽였습니다. 그러나 하나님께서 그 아들을 다시 살리셨습니다. 왜냐하면 그분은 사망에 매여 있을 수 없기 때문입니다."

대단한 연설이었다. 알렉산드리아의 저명한 학자들을 연상케 할 정도로 권위 있는 말투였다. 많은 사람들이 어부 출신인 게바의 말을 경청했다고 했다.

"주의 종 다윗이 저를 가리켜 말하기를……"

요엘의 예언에 이어 게바는 또 다윗의 시편까지도 인용한 모양이었다. 외삼촌이 그 부분을 암송했다.

"내가 항상 내 앞에 계신 주를 뵈었음이여, 나로 요동치 않게 하려고 그가 내 우편에 계시도다. 이러므로 내 마음이 기뻐하였고 내 입술도 즐거워하였으며, 육체는 희망에 거하리니……"

그 시편에서 가장 중요한 내용은 부활에 관한 믿음이었다.

　　이는 내 영혼을 음부에 버리지 아니하시며
　　주의 거룩한 자로 썩음을 당치 않게 하실 것임이로다
　　주께서 생명의 길로 내게 보이셨으니
　　주의 앞에서 나로 기쁨이 충만하게 하시리로다

바나바는 다시 그 시편을 인용하여 설명한 게바의 연설을 들려주었다.

"형제들이여, 여러분이 다 알다시피 우리 조상 다윗은 이미 1천 년 전에 죽어 장사되었고, 그 묘가 지금도 여기 있지 않습니까?"

마르코스의 집에서 동쪽으로 조금 가면 윗성의 동문이 있고 그 문을 나서서 두로뵈온 골짜기를 내려가다 보면 언덕 위에 다윗의 묘가 있었다.

"다윗은 왕이었지만 또 선지자이기도 했지요. 하나님이 그 자손 중 한 사람을 택하여 왕의 자리에 앉게 하리라 하신 것을 이미 알았고, 선견의 능력으로 그리스도께서 부활하실 것을 미리 전한 것입니다."

그는 다시 자신이 인용한 다윗의 시에서 그 대목을 꺼냈다.

"저가 음부에 버림이 되지 않고 육신이 썩음을 당하지 않으리라 말했는데 그의 말대로 이 예수를 하나님이 살리신 것입니다. 지금 여기 있는 우리 모두가 이 일의 증인들입니다."

유클리드가 증명을 하지 않아도 증인들은 있었다. 무덤에 갔다가 부활한 예수를 만난 막달라 마리아가 있고, 엠마오로 가다가 그를 만난 두 사람이 있고, 다락방에서 그를 본 열한 제자가 있었다. 또 감람산에서 그의 마지막 당부를 들은 500명이 있고, 다락방에서 성령을 받은 120명도 있었다.

"하나님이 그 예수를 높이셨고 그가 약속하신 성령을 아버지께 받아 지금 여러분이 보고 듣는 것을 부어 주신 것입니다. 다윗은 비록 하늘에 올라가지 못했으나 이것도 미리 알고 우리에게 전해 주었지요."

게바는 다윗의 다른 시도 인용했다는 것이었다.

"주께서 내 주에게 말씀하시기를, 내가 네 원수로 너의 발등상 되게 하기까지 너는 내 우편에 앉았으라 하셨도다…… 여러분, 주는 누구이며 다윗이 말한 그의 주는 또 누구이겠습니까? 여러분은 아셔야 합니다. 당신들이 십자가에 못박은 예수를 하나님께서 왕으로 삼으시고, 그리스도가 되게 하신 것입니다."

그리스도는 히브리어로 메시야였다. 바나바가 거기까지 게바의 연설을 들려주자 사람들이 또 외쳤다.

"아멘, 우리를 구원하소서."

바나바가 마르코스를 돌아보며 말했다.

"게바의 말을 들은 사람들이 마음에 찔림을 받아 제자들에게 물었어."

"무엇을요?"

"형제들아, 우리가 어떻게 해야 되겠는가?"

"그래서요?"

"게바는 이렇게 대답했지. 여러분이 회개하여 예수 그리스도의 이름으로 세례를 받고 죄의 사함을 얻으면 성령을 선물로 받게 될 것입니다. 이 약속은 여러분과, 여러분의 자녀와 그리고 우리 하나님이 얼마든지 부르시는 모든 사람들에게 하신 것입니다. 여러분, 이 악한 세대에서 구원을 받으십시오."

"정말 게바가 그렇게 말했습니까?"

마르코스는 아직도 외삼촌이 말하는 성령 강림과 알렉산드리아의 마술사들이 행하는 최면이나 환각 상태가 어떻게 다른 것인지 알 수가 없었다. 환각 상태가 되어 연설을 잘한다는 말은 아직 들어본 적이 없었던 것이다.

"나도 놀랄 정도였어. 더 놀라운 것은 그 날 게바의 말을 듣고 거기 있던 많은 사람들이 세례를 받았는데 그 수가 3천 명이나 되었던 거야."

"네?"

마르코스도 놀랄 수밖에 없었다. 3천 명이라면 로마군의 1개 군단 병력에 해당하는 인원이었다.

"세례를 받고 나서 그들은 어떻게 되었지요?"

"날마다 성전에 모여 사도들의 증언을 듣고 가르침을 받게 되었지. 함께 떡을 나누고 서로 교제하며 기도하는데 귀신들린 자가 고침을 받고 병든 자가 낫는 등 기사와 이적이 나타났어."

이제 외삼촌은 예수의 제자를 사도라는 호칭으로 부르고 있었다. 보내심을 받았다는 뜻이었다. 모세와 엘리야 등 선지자들을 셀루하, 즉 보내심을 받은 자라고 했는데 예수도 제자들을 파송할 때 너희를 이리 가운데로 보낸다고 했던 것이다.

"나사렛의 예수가 했던 일이 이어졌군요."

바나바가 고개를 끄덕였다.

"그분이 말씀했던 교회라는 공동체가 생기게 된 거야. 사람들의 수가 날마다 많아지고 그들은 재산과 소유를 팔아 함께 사용하기 시작했어."

"외삼촌도 그렇게 하셨나요?"

바나바는 어깨를 추켜올리며 웃었다.

"조금 있던 밭을 팔아서 교회에 내놓았지."

마르코스는 문득 한 가지가 궁금하여 물어보았다.

"제 어머니도요?"

외삼촌이 고개를 저었다.

"아버지의 유산을 처분하려면 아들의 동의가 있어야 하거든."

"아……"

부친의 유산이 어느 정도가 되는지는 마르코스도 아직 잘 모르고 있었다.

마르코스 요안네스

만월에 가까운 달이 마르코스의 집 마당 가득히 빛의 너울처럼 환한 자락을 드리우고 있었다. 나사렛 예수가 저녁 식사를 마치고 다락방의 계단을 내려올 때에도 그렇게 빛의 너울이 계단에 드리워져 있었다.

"제자들이 잡혀간 적도 있다면서요?"

알렉산드리아에서 들었던 소문에 대해서 마르코스가 물었다.

"그게…… 제9시의 기도 시간이었어. 게바가 세배대의 아들 요한과 함께 성전에 올라갈 때 미문에서 구걸하던 앉은뱅이가 손을 내밀었지."

마르코스가 잠시 기억을 더듬다가 말했다.

"아…… 그 사람, 10년 전에도 미문 앞에 있었는데요."

외삼촌이 눈을 뜨며 말했다.

"게바가 그를 돌아보다가 눈을 들어 우리를 보라고 하더니 그에게 말했어. 은과 금은 내게 없으나 내게 있는 것으로 네게 주노니 나사렛 예수 그리스도의 이름으로 일어나 걸으라."

"앉은뱅이에게 걸으라고요?"

"게바가 그의 손을 잡아 일으키자 그가 발목에 힘을 얻어 벌떡 일어섰어. 일어나서 걷기도 하고 뛰기도 하다가 게바와 요한을 따라 성전으로 들어가며 큰 소리로 하나님을 찬양했던 거야. 그것을 목격한 모든 사람들이 모두 놀랐지. 그가 나면서부터 앉은뱅이인 것을 다 알고 있었거든."

마술사가 사람들에게 그런 것을 보여 줄 경우 상대와 미리 짜 놓고서 하는 것이 보통이었다. 그러나 미문 앞에서 구걸하던 앉은뱅이는 마르코스가 10년 전에도 보았고 그 훨씬 이전부터도 거기 앉아 있었던 사람이었다.

"그의 나이가 얼마나 되었죠?"

"마흔이 넘는 자였어."

마르코스가 그의 모습을 기억하며 다시 물었다.

"그런데, 그것 때문에 제자들이 잡혀갔나요?"

"그것을 목격한 사람들이 솔로몬의 행각에 다시 모였을 때 게바가 그들을 향해 말했지. 우리 조상 아브라함의 하나님이 그의 씨로 말미암아 천하 만민이 복을 받으리라 하셨고 모세를 비롯한 많은 선지자들이 예고한 대로 오신 그분을 당신들이 죽였으나 하나님이 그의 이름으로 이 사람을 일으켰다고."

"성전의 제사장들이 난처했겠군요."

"그래서 잡아 가두었던 거야. 그러나 그 날 게바의 말을 듣고 예수를 믿은 자들의 수가 남자만 5천명이나 되었지."

먼저는 세례 받은 자가 3천이라더니 이번에는 5천이나 되는 사람들 이야기였다. 남자만 5천 명이라면 나사렛 예수가 벳새다의 빈들에서 보리떡 다섯 개와 물고기 두 마리로 배불리 먹였다는 사람들 중 남자의 수와 같은 것이었다.

"잡힌 제자들은 어떻게 되었나요?"

"이튿날 대제사장 가야바와 역대의 대제사장들이 다 모여 그들을 심문했어."

"무엇을 물었나요?"

"너희가 무슨 권세로 이 일을 했느냐?"

"역시 그들의 관심은 권세 쪽에 있었군요."

이방인들에게 나라와 자존심을 다 빼앗겼으면서도 그 권세가 우선이었다.

"게바는 나사렛 예수의 이름으로 했다고 대답했지."

"그뿐이었나요?"

"그가 또 말하기를 나사렛의 예수는 건축자들이 버린 돌로서 집 모퉁이의 머릿돌이 되었다고 증언했어."

건축자가 버린 돌이 머릿돌로 쓰인다는 것도 시편에 나오는 구절이었다. 또 선지자 이사야는 하나님이 한 돌을 시온의 기초로 삼아서 그것을 믿는 자는 평안을 얻으리라 했는데 앉은뱅이가 일어선 것으로 그것이 확증되었던 것이다.

"놀라운 일이었네요."

어부였던 게바가 유클리드 식의 증명을 한 셈이었다.

"그리고 게바는 명쾌한 결론을 내렸지."

"어떤 결론을요?"

"다른 이로서는 구원을 얻을 수 없습니다. 천하 인간에 구원을 얻을 만한 다른 이름을 우리에게 주신 일이 없기 때문입니다."

사람들이 또 크게 외쳤다.

"아멘!"

마르코스가 고개를 끄덕이며 말했다.

"대제사장들도 놀랐겠군요."

"물론이지. 갈릴리에서 고기 잡는 일에 종사하던 어부가 성경을 인용해 말하고, 일어선 앉은뱅이가 명백한 증거로 거기 있으니 할 말이 없었던 거야."

"그래서 어떻게 했나요?"

"더 이상 예수의 이름으로 가르치지 말라고 게바와 요한을 위협했지. 그러나 그들은 보고 들은 것을 말하지 않을 수 없다고 했어. 그들은 오히려 제사장들에게 질문을 했지. 우리가 당신들의 말을 듣는 것이 하나님의 말씀을 듣는 것보다 더 중요하다고 생각하시오?"

제사장들이 대답을 못했을 것이었다.

"앉은뱅이가 일어선 것보다 그것이 오히려 기적이로군요."

"더 이상 처벌할 근거가 없었기 때문에……"

"그들을 놓아주고 방관했나요?"

바나바가 고개를 저었다.

"그럴 수가 없었지. 그 뒤로 솔로몬 행각은 게바를 찾아오는 사람들로 북새통이 되었거든. 온갖 병자들과 귀신들린 자들이 고침을 받으려고 몰려들어 그의 그림자라도 덮이기를 바라며 아우성을 치자 사도들을 다시 잡아들였는데……"

"그래서요?"

"밤에 저절로 옥문이 열린 거야. 사도들이 또 나가서 예수의 부활을 증거하니까 그들을 결국 죽일 수밖에 없다는 쪽으로 공론이 모아지고 있었는데 교법사 가말리엘이 나서서 그들을 만류했지."

"결국, 그 가말리엘이 나섰습니까?"

그는 바리새파와 사두개파 모두에게 존경을 받는, 권위 있는 율법학자였다.

"나사렛 예수 이전에도 민심을 미혹한 드다가 있었고 갈릴리의 유다라는 자가 구원자를 자처했으나 결국 다 망하고 사라졌음을 지적했어."

"그래서요?"

"나사렛 사람들의 소행이 사람의 짓이라면 스스로 망할 것이고 하나님이 시키신 일이라면 그분을 대적하게 될 수도 있으니 상관 말고 내버려 두자고 했지."

"현명한 판단이었군요."

"결국 산헤드린은 그들에게 예수의 이름으로 가르치지도 말고 전하지도 말라 엄명하고 채찍질을 한 다음 놓아 주었어. 그러나 그들의 입을 막지는 못했지. 그러다가 마침내 첫 번째 희생자가 나오게 된 거야."

"누가 또 희생을 당했나요?"

"복음을 따르는 무리가 너무 많아져서 섬기는 일을 맡기기 위해 일곱 명의 집사를 세웠는데 특히 그 중 하나인 스테파노스는 믿음과 성령이 충만하여 그를 통해 많은 기사와 이적이 일어났거든. 그가 모인 자들에게 아브라함으로부터 다윗에 이르기까지 성경을 풀어 설명하던 중에……"

"문제가 생겼나요?"

"다윗이 성전을 건축하려는 대목에 이르러 네 자손 중 내 집을 지을 자가 있을 것이라고 전한 나단 선지자의 말을 인용했지. 교회를 세우려고 보내신 나사렛 예수를 당신들이 죽였고 하나님이 다시 살리셨다고 했거든."

"그것이 걸렸군요."

"성전 모독죄로 걸렸지."

하나님의 집은 손으로 짓는 것이 아니라고 했기 때문이었다.

"그랬을 만도 하군요."

"듣는 자들이 이를 갈고 있는데 그가 또 말했어. 여러분, 보십시오. 하늘이 열리고 인자가 하나님 우편에 선 것이 보입니다."

인자는 사람의 아들로 온 하나님의 독생자를 의미하는 것이었다.

"그 스테파노스가 희생을 당했나요?"

"성 밖으로 끌려나가서 유대인들이 던지는 돌에 맞아 죽었어. 십자가에 달렸던 주님이 그렇게 하셨던 것처럼 그도 이 죄를 저들에게 돌리지 말아달라고 기도하며 숨졌지. 그리고 그의 기도는 응답된 거야."

"무슨 말씀이죠?"

"그를 죽일 때 교법사 가말리엘의 제자인 사울을 증인으로 세웠거든."

그에 대해서는 게메로스에게서 들은 적이 있었다.

"대단한 학자라면서요?"

"필로와 견줄만한 석학이라고 했지. 스테파노스가 살해당한 후로 큰 박해가 시작되어 믿는 자들이 사도들 외에는 유대와 사마리아와 여러 곳으로 흩어졌는데……"

그 말을 듣고 마르코스가 말했다.

"결국 나사렛 예수의 말대로 되었네요."

"무슨 말이지?"

"어머니에게서 들었어요. 나사렛 예수가 감람산에서 승천하기 전에 사람들에게 말하기를 성령이 임하시면 너희가 권능을 받고 온 유대와 사마리아와 땅끝까지 이르러 내 증인이 되리라고 했다면서요?"

"맞았어, 그 말씀대로 된 거야."

바나바는 다시 사울의 이야기로 돌아갔다.

"사실은 그 박해에 앞장섰던 자가 가말리엘의 제자 사울이었거든. 그가 전국을 뒤지고 다니며 예수 믿는 사람들을 남녀 불문하고 잡아 투옥하기 시작했지. 그 때 다메섹까지 쫓겨간 사람들이 거기서도 예수의 복음을 전한다는 사실이 알려지자 대제사장의 공문을 받아들고 그들을 잡아오기 위해 달려갔는데……"

"그런데요?"

"그가 다메섹 가까이 이르렀을 때 홀연히 하늘로부터 빛이 그를 둘러 비추더라는 거야. 그리고 빛 속에서 뭔가 큰 소리가 들려 땅에 엎드렸대."

"무슨 소리가 들렸답니까?"

"사울아, 사울아. 네가 어찌하여 나를 핍박하느냐?"

"그래서요?"

"당신은 누구시냐고 물으니 나는 네가 핍박하는 예수라, 지금 일어나 성으로 들어가면 네가 어찌 해야 하는지 말해줄 자가 있을 것이라고 했다는 거야. 사울이 일어나보니 눈은 떴으나 아무 것도 볼 수가 없었다는군."

"시력을 잃었나요?"

밝은 빛을 마주보면 일시적으로 시력을 잃을 수도 있을 것 같았다.

"그렇게 되었지. 결국 같이 가던 사람들의 손에 이끌려 다메섹 성에 들어가 사흘 동안 아무것도 못 보고 먹지 못한 채로 있었어."

"충격이 컸던 모양이지요?"

"평생 닦아왔던 학문과 신념이 속절없이 무너졌기 때문이겠지. 그러던 중에 아나니아라는 사람이 그를 찾아왔어."

"어떻게 알고 왔을까요?"

"주님의 지시를 들었다는 거야. 지금 렉타라는 거리로 가서 유다라는 사람의 집에 타르소스 사람 사울이 와 있으니 그를 만나라고 하셨대. 그러나 아나니아는 그가 어떤 사람이라는 것을 알고 있었거든."

"그래서요?"

"아나니아는 그가 우리를 박해하는 자라고 말씀드렸으나 하나님께서 이 사람은 내 이름을 이방인에게 전하기 위하여 내가 택한 자라고 하셨다는군."

"이방인에게요?"

"이사야의 예언에 그런 내용이 있었지. 아나니아가 그에게 주님의 말씀을 전하고 안수하자 다시 보게 되었고 사울은 그 때부터 다메섹의 각 회당으로 다니며 예수가 하나님의 아들이시고 구세주이심을 증거하기 시작했어. 스테파노스 집사가 숨지면서 이 죄를 저들에게 돌리지 말아달라고 했던 기도가 응답된 거야."

"지금 그 사람은 어디 있나요?"

"다메섹에서 그 소문을 들은 유대인들이 그를 죽이려고 했기 때문에 그곳을 빠져나가 아라비아로 가서 3년을 보냈어. 지난날의 선지자들이 그랬던 것처럼 사막에서 주님과 독대를 했겠지. 그 후에 예루살렘으로 돌아와 사도들과 만나려 했으나 모두들 그를 의심하고 만나 주지 않았는데……"

"자기들을 다시 잡아들이려는가 했겠군요."

바나바가 고개를 끄덕였다.

"그래서 내가 중간에 나섰어. 그가 어떻게 주님을 만났는지, 또 주님이 그에게 무슨 말씀을 하셨는지, 그리고 다메섹에서 그가 얼마나 담대하게 나사렛 예수를 하나님의 아들로 증거했는지를 알려서 게바가 그를 만나 주었고 주님의 아우 야고보와도 인사를 나누었지."

"지금 그가 예루살렘에 있습니까?"

바나바는 고개를 저었다.

"사울이 예수의 이름으로 말하며 유대인들과 터놓고 변론하기를 마다하지 않자 유대인들이 그를 배신자로 간주하여 죽이려고 했지. 형제들이 그를 카이사랴로 데리고 가서 배를 태웠는데 지금 필시 타르소스에 있을 거야."

바나바가 다시 조카를 바라보았다.

"마르코스, 네가 알렉산드리아에 있을 때……"

"네?"

"혹시, 시몬이라는 사람을 본 적 있어?"

시몬이라는 이름도 유대에서 흔한 이름이었다. 게바의 본명도 시몬이고 나사렛 예수의 제자 중에도 시몬이 있고 예수의 아우 중에도 시몬이 있고 욥바에서는 시몬이라는 갖바치도 만났다. 그러나 외삼촌이 알렉산드리아에서 보았느냐고 물은 것으로 보아 필시 마술사 시몬을 말하는 것 같았다.

"혹시, 마술사 시몬 말씀인가요?"

바나바가 고개를 끄덕였다.

"그래, 마술사."

"만난 적이 있지요."

"그가 지금 사마리아에 있거든."

이스라엘 북왕국의 수도였던 사마리아는 760년 전 앗수르군의 공격을 받아 파괴되었다. 그 사마리아를 헤롯 1세가 재건하고 이름을 세바스테로 바꿨다. 자신을 유대 왕으로 임명해 준 아우구스투스 황제의 헬라식 이름이었다. 이후로 사마리아는 그 주변 지역을 뜻하게 되었다.

"그렇다고 들었습니다."

"사마리아에서도 놀라운 일들이 많이 있었지."

마르코스가 놀라며 물었다.

"네? 마술사 시몬도 예수를 믿게 되었다는 말씀인가요?"

외삼촌은 고개를 저었다.

"그게 아니라……"

그 때 로데가 아직 식사 전인 바나바와 마르코스를 위해 무교병과 포도즙을 가지고 나왔다. 마르코스는 나사렛의 예수가 제자들과 함께 유월절 식사를 했던 다락방에 잠시 시선을 걸었다가 무교병을 뜯으며 사마리아에서 무슨 일이 있었는지 궁금하여 외삼촌을 바라보았다.

마르코스 요안네스

"사마리아에서는 무슨 일이 있었지요?"

그의 친구 게메로스가 좋아했던 여자 헬레나가 지금도 그 마술사 시몬과 같이 있을 것이었다.

"스테파노스가 희생된 후에 모든 형제들은 각지에 흩어져 전도 활동을 시작했는데 그 중에 가장 부지런한 전도자가 빌립이었지."

"열두 사도 중의 빌립요?"

대화를 자연스럽게 하려고 그도 사도라는 말을 사용했다. 빌립은 부지런하고 민첩해서 예수 일행의 뒷바라지를 도맡고 있던 제자였다. 그들이 마르코스의 집에서 식사를 할 때에도 그가 모친과 제자들 사이를 오가며 중간 역할을 많이 했고 마르코스와도 자주 이야기를 나누었다. 그러나 외삼촌은 고개를 저었다.

"사도 빌립이 아니라 일곱 집사 중의 하나였던 빌립이야."

"아……"

희생된 스테파노스와 함께 안수를 받은 자인 것 같았다.

"그가 세바스테에 가서 말씀을 전했거든."

"세바스테에서 전도를요?"

사마리아를 점령한 앗수르 왕 살만에셀은 휘하의 각국 군대를 사마리아에 집결시켜 그곳 여자들을 강간하게 했다. 그래서 유대인들은 잡종이 된 사마리아인을 상종하지도 않았고 그곳은 더러운 땅이라며 지나다니지도 않았던 것이다.

"빌립이 세바스테에서 말씀을 전하는데 많은 사람들에게 붙었던 더러운 귀신들이 크게 소리를 지르며 나가고 중풍병자와 앉은뱅이들이 고침을 받아 일어서는 기적이 또 나타났던 거야."

"큰 소동이 일어났겠군요?"

"많은 사람들이 몰려들어 세례를 받았지."

그리고 바나바의 다음 말이 마르코스를 놀라게 했다.

"그 때 마술사 시몬도 다른 사람들과 함께 세례를 받았거든."

"네?"

"시몬이란 자는 세바스테에서 그동안 여러 가지 마술을 공연하며 인기를 끌고 있었어. 또 자신의 마술을 하나님의 능력과 기적인 것처럼 선전하여 그를 따르는 사람들이 점점 많아졌지."

그는 애굽의 사제들에게서 배운 마법과 피타고라스의 교리 그리고 유대의 수비학을 이용하여 마술의 속임수를 기적으로 위장했을 것임에 틀림없었다.

"통증을 치료하는 기적도 일으켰겠지요?"

그 말에 바나바가 놀라며 되물었다.

"어떻게 그것을 알았지?"

"사람의 생각을 일시적으로 마취시켜 통증이 치료된 것처럼 느끼게 할 수도 있거든요. 알렉산드리아에도 그런 돌팔이들이 많아요. 사람들은 그를 초자연적 능력을 지닌 존재로 믿게 되지요."

"네 말대로야. 그는 스스로 '메간', 즉 큰 자라고 했거든."

그가 얼마나 잘난 척했을지는 짐작할 만 했다.

"바로 그 시몬이 빌립의 집회에서 나타난 기적을 보고 놀란 거야."

"그래서 세례를 받았나요?"

"세례를 받았을 뿐만 아니라 빌립을 열심히 따라다녔지."

"그의 능력을 배우고 싶어 그랬겠지요."

"그 때 예루살렘 교회에서는 사마리아 사람들도 하나님의 말씀을 받았다는 보고를 받고 게바와 요한을 파송했어."

"마술사 시몬이 그들도 만났나요?"

"게바와 요한이 사마리아 사람들을 위해 기도하고 그들에게 안수하는데 사람들이 성령을 받아 방언을 하고 예언도 하는 등 표적이 나타난 거야. 그것을 보고 놀란 시몬이 이번에는 또 게바와 요한을 찾았지."

"또 세례를 받으려고?"

"아니야, 게바와 요한 앞에 돈을 내놓고 그런 권능을 내게도 주어 내가 안수하는 사람마다 성령을 받게 해 달라고 부탁했어."

그는 본래 실리에 재빠른 사람이었다.

"그가 꽤 영리한 자인데 잘못된 부탁을 했군요."

바나바가 고개를 끄덕였다.

"게바의 입에서 날벼락이 떨어졌지."

"뭐라고 했는데요?"

"당신이 하나님의 선물을 돈 주고 살 줄로 생각했으니 그 돈과 당신이 함께 망할 것이라, 하나님 앞에서 당신의 마음이 바르지 못하니 이 믿음에는 당신이 아무런 관계도 없고 나눠 받을 것도 없소."

"무서운 경고로군요."

"게바는 동시에 해독의 처방도 내려 주었어."

"왜요?"

"악한 자에게도 돌이킬 수 있는 기회는 주어야 하니까."

"어떻게 하라고 일러 주었나요?"

"내가 보니 당신은 악독이 가득하고 지금 불의에 매여 있소. 그러므로 당신의 그 악함을 당장 회개하고 하나님께 기도하시오. 그렇게 하면 하나님께서 당신의 마음에 품은 악한 것을 사해 주실 수도 있을 것이오."

"시몬이 그렇게 했을까요?"

"겁에 질린 그가 다시 게바에게 부탁을 했다더군. 나를 위해 당신의 하나님께 기도해 주시오. 당신이 지금 말한 바가 내게 하나도 임하지 않게 해 달라고."

그러나 회개는 부탁할 일이 아니라 자신이 해야 하는 것이었다.

마르코스 요안네스

얼굴을 스치는 맑고 부드러운 바람을 느끼며 그는 감았던 눈을 천천히 열었다. 아침 햇살처럼 환한 어머니의 미소가 자신의 얼굴을 내려다보고 있었다. 그가 상체를 일으키자 어머니는 손에 들고 있던 쟁반을 내려놓으며 앉았다. 쟁반 위에는 신선한 양의 젖과 종려 열매를 넣어 만든 팥죽이 놓여 있었다.

"제가 꽤 오래 잤지요?"

"외삼촌의 이야기를 듣느라고 늦게 잠들었으니까."

"게바는 돌아왔나요?"

마르코스는 결국 그가 오는 것을 못 본 채 잠자리에 들었던 것이다.

"베다니에서 그냥 지낸 것 같아. 오늘은 뭘 할 거니?"

"나사렛 예수의 제자들이 베다니에 있다면 거기나 가 볼까 해요."

"그래, 모두들 반가워할 거야."

팥죽을 떠먹고 있는 아들의 얼굴을 들여다보다가 모친이 또 물었다.
"앞으로의 계획은 세워 놓았어?"
"네?"
"온 세상의 석학들이 다 모인다는 알렉산드리아에 가서 10년이나 공부를 하고 왔으니 네가 앞으로 어떤 일을 하게 될지 꽤 궁금하구나."
"글쎄요…… 아버지가 장사를 했으니 저도 장사나 할까요?"
늘 그랬듯이 모친은 별로 놀라지 않았다.
"공부한 것이 아깝지 않겠어?"
"학문은 삶의 지혜를 위해 필요한 것일 뿐이에요."
그가 공부하며 깨달은 것은 학문이 늘 권력의 도구가 되어 왔다는 사실이었다. 일부 계층이 자기가 독점한 학문으로 사람을 지배하고 백성을 착취했다. 바벨론의 박사들과 애굽의 사제들이 그랬고 헬라의 학문도 영웅 알렉산더를 만들어냈을 뿐이었다.
"그래서?"
"학문보다 중요한 것은 생활이에요."
"생활?"
"자신에게 주어진 인생을 어떻게 사느냐 하는 거죠."
"너도 아버지와 똑같은 말을 하는구나."
마르코스의 부친 이드란은 레위 지파였으나 율법을 권력의 도구로 사용하는 유대인의 전통을 납득할 수 없었다. 그래서 요아스와 함께 유대를 떠났던 것이다.
"그것이 아버지의 유산이니까요."
문까지 따라나오던 모친이 그를 바라보았다.

"그런데 마르코스,"

"네?"

"어제 네게서 들은 검시관의 말을 생각해 보았는데……"

"아…… 네. 어떤 말을요?"

그의 모친도 레위 가문 출신치고는 대단히 실용적인 여인이었다. 아버지의 모습이나 그에 대한 추억이 아니라 그 시신의 부검 결과를 생각하고 있었다는 것이 놀라웠다. 그러고 보니 나사렛 예수의 시신에 향품을 바르기 위해 새벽에 무덤으로 갔던 사람들도 모두 여자들이었다고 했다.

"검시관의 말이 아버지를 찌른 비수는 날의 양면이 모두 날카롭지 않고 둔한 흉기였다고 했다지?"

"네, 그랬어요."

"그렇게 날이 둔한 비수로 심장의 동맥을 정말 절단할 수 있었겠니?"

모친의 예리한 지적에 놀라며 마르코스가 대답했다.

"저도 그 점이 이상하기는 했지만……."

비수는 날이 어느 쪽에 있느냐에 따라 두 종류가 있었다. 양면에 날이 있는 것은 헤렙, 즉 단검이었고 한쪽에만 날이 있는 것은 사킨이라고 하는 단도였다. 그러나 양쪽 날이 다 무딘 비수는 없었다.

"내 생각으로는…… 그것이 가위가 아니었을까?"

"네?"

마르코스는 모친의 추리력에 또 한 번 놀랐다. 가위는 마주하는 두 개의 날을 교차시켜 옷감이나 노끈을 절단하는 도구였다.

만일 범인이 가위로 부친 이드란을 찌르고 그것의 날로 심장의 동맥을 절단했다면 그 흉기의 양쪽은 두텁고 두 개의 날은 안쪽에 있었을 것이었다.

"만약 범인이 가위를 썼다면,"

마르코스가 10년을 두고 궁리해도 알아내지 못했던 일을 모친은 하룻밤 새에 짚어냈던 것이다. 그것이 여인의 육감일 수도 있었고 바느질을 할 때 자주 가위를 사용하므로 생각났을 수도 있었다. 모친이 다시 의견을 보탰다.

"지렛목과 날 사이에 역점이 있는 가위였을 거야."

가위에는 두 종류가 있었다. 힘을 주어 누르는 역점이 용수철로 된 지렛목과 날 사이에 있는 람다(Λ)형의 가위와 손잡이와 날 사이에 지렛목이 있는 키(X)형의 가위가 있었다. 람다형의 가위는 옷감이나 노끈을 자르는 데 많이 쓰이고, 키형의 가위는 꽃이나 나무 가지를 자르는 작업에 주로 사용되었다.

"어째서요?"

그 의미를 대강 알아챘으면서도 모친의 의견을 듣고 싶었다.

"범인이 키형의 가위를 사용했다면 두 날이 합쳐져 있는 상태에서 찔렀을 것이고 다시 심장의 동맥을 자르기 위해 날을 벌리기가 어려웠을 거야. 그러나 람다 형은 날이 벌려진 채로 찌르고 그대로 눌러 동맥을 자를 수 있었겠지."

"어머니,"

마르코스는 두 팔을 벌려 모친을 안았다.

"정말 대단하시네요."

마르코스 요안네스

해가 벌써 높이 떠올라 있었다. 길목마다 서 있는 로마 군인들 때문에 윗성의 거리는 여전히 살벌했다.

"이미 그는 자신이 당할 일을 알고 있었어."

마르코스는 10년 전에 그 길을 따라 감람산으로 갔던 나사렛의 예수를 생각하고 있었다. 나중에 빌립이 털어 놓은 바로는 예수가 자신이 십자가에 달리게 될 것이라는 말을 자주 했다는 것이었다.

"자네들 중 누구든지 으뜸이 되고 싶다면"

눈치 없는 제자들이 선생님께서 정권을 장악하면 누가 더 높은 자리에 앉아야 할 것인가를 놓고 서로 다툴 때 예수는 그렇게 말했다.

"잘 섬기는 자가 되어야 해."

예수 가까이 있던 마르코스는 그가 혼자서 중얼거린 말을 알아들었다.

"나는 섬기려고 이 세상에 온 거야."

윗성의 동문을 나선 그는 다시 두로뵈온 골짜기를 따라 내려갔다. 솔로몬 왕의 성전 공사에 동원되었던 두로의 인부들이 야영하던 골짜기였다. 골짜기의 끝에는 740년 전 히스기야 왕이 앗수르 군대의 포위에 대비하기 위해 성 밖의 기혼 샘물을 지하 수로를 통해 끌어들여 만든 실로암 못이 있었다.

"실로암 못에 가서 눈을 씻게."

초막절에 예루살렘을 방문했던 예수는 나면서부터 소경이었던 사람의 눈에 침과 진흙을 이겨서 발라 주고 그렇게 말했다. 실로암 못에 가서 눈을 씻은 그가 앞을 보게 되었는데 그 날은 안식일이었다.

"나사렛의 예수, 당신은 안식일에 율법을 범했어."

안식일에 일을 했다고 바리새파 사람들이 비난하자 그는 탄식했다.

"당신들이 차라리 소경이었으면 죄가 없을 텐데 본다고 하니 당신들의 죄가 그대로 있구나."

마르코스는 실로암 못을 지나 외곽 성벽의 동남쪽 모퉁이에 있는 분문으로 다가갔다. 히스기야 왕은 솔로몬 시대부터 힌놈 골짜기에 마구 들어선 이방 신들의 제단을 없애고 그곳에 오물장을 조성했다. 외곽의 성을 쌓은 하스몬 왕조는 그리로 나가는 문의 이름을 분문(糞門)이라고 했다.

"왜 예수는 분문으로 나갔던 것일까?"

예수는 마지막 기도를 드리려고 제자들과 함께 감람산으로 갈 때 굳이 배설물의 출구인 분문을 나섰다. 세상의 오물을 다 지고 가려 했는지도 몰랐다.

"어디로 가시오?"

분문을 지키던 로마 군인들이 마르코스에게 물었다.

"베다니로 가는데요."

"당신도 나사렛 예수의 제자요?"

예수의 제자들이 베다니에 모여 있음을 그들도 이미 아는 모양이었다.

"그들과 안면이 좀 있지요."

군인들은 더 이상 캐묻지 않았다. 베다니에 모이는 자들은 대부분 병자들이어서 그들이 황제를 거슬러 폭동을 일으킬 가능성은 없다고 판단한 것 같았다. 분문을 나선 마르코스는 다윗의 무덤 앞을 지나 기드론 시내를 건넜다. 왼쪽 길은 겟세마네로 가는 것이고 오른쪽은 감람산을 넘어 베다니로 가는 길이었다.

"겟세마네……"

그것은 히브리어로 '기름틀'을 말하는 것이었다. 감람산에는 감람나무의 열매들로 감람유를 짜기 위한 기름틀이 있었다. 예수는 거기서 그의 제자들과 마르코스가 깊이 잠든 사이 기름을 짜내듯 마지막 기도를 드리고 나서 가롯 유다가 이끌고 온 대제사장의 부하들에게 끌려갔던 것이다.

마르코스 요안네스

감람산을 넘기 전에 그는 아버지 이드란의 무덤 앞에 섰다. 본래 예루살렘 사람들의 공동묘지는 둘째 구역의 성문 밖 골고다에 있었으나 스가랴의 예언을 믿는 부자들은 감람산에 묘지를 마련했다.

"그 날에 그의 발이 예루살렘 앞 곧 동쪽 감람산에 서실 것이라."

다리우스 1세가 페르시아의 왕으로 즉위하던 해에 선지자 스가랴가 전한 그 말은 심판의 날에 대한 예언이었다. 그냥 무덤만 둘러보고 지나가려 했던 마르코스는 모친의 말이 생각나서 다른 무덤을 파고 있던 인부들 중 몇을 불렀다.

"사례를 할 테니 돌을 좀 옮겨 주세요."

예루살렘 근처의 산들은 모두 굴착하기 쉬운 석회암으로 되어 있어서 동굴형 묘실에 시신을 안치하는 수가 많았다. 지하에 수로를 뚫거나 왕궁과 성 밖을 연결하는 비밀 통로를 만드는 것도 어렵지 않았고, 사람들의 눈을 피해 동굴에서 비밀 회합을 하는 경우도 있었다.

"등불도 잠시 빌려 주시고."

무덤을 막아 놓았던 돌이 옮겨지자 그는 인부들에게서 빌린 등불을 들고 무덤 안으로 들어섰다. 이미 해가 높이 떴는데도 무덤 안에는 오래된 밤의 냄새가 가득하게 고여 있었다.

"아버지……"

지중해를 안방처럼 휘젓고 다니던 거상 이드란이 거기 누워 있었다. 마르코스는 등불을 시신의 발치에 내려놓은 다음 아버지의 상체를 감싸고 있는 세마포를 풀기 시작했다. 등쪽의 세마포를 풀어내기 위해 조심스럽게 상체를 들어올렸는데도 갈비뼈 허물어지는 소리가 들렸다.

"누가 당신을 찔렀습니까?"

가슴의 뼈들이 드러났다. 등불을 치켜들고 심장 근처로 여겨지는 부분의 뼈들을 살펴보았다. 뼈의 모양이 허물어져 있었으나 쇄골 아래 세 번째와 네 번째 갈비뼈에 그어진 가느다란 상흔이 아직 남아 있었다. 날끝이 스쳐 지나간 두 개의 흔적으로 보아 모친의 말대로 가위에 찔린 다음 심장의 동맥을 잘렸던 것임이 틀림없었다.

"람다형의 가위라면……"

그런 가위의 용도는 크게 두 가지였다. 여자들이 바느질에 쓰는 경우가 있고 또 하나는 재단사가 옷감이나 가죽 등을 재단하는 경우였다.

"맞았어, 그거야."

그의 부친은 두루마리 서책들을 도서관에 납품하기 위해 싣고 가다가 화를 당했다. 그 두루마리 문서들을 만드는 재료는 파피루스가 아니면 양이나 송아지의 가죽이고 그런 것들을 자르려면 역시 가위가 필요했다.

"범인은 두루마리를 만드는 전문가였어."

일단 그렇게 결론을 내고 마르코스는 다시 부친의 유골들을 수습하여 풀어 놓았던 세마포로 감았다.

"주어진 인생을 어떻게 사느냐가 중요해."

마르코스는 아버지의 말을 수 없이 되뇌며 그 일을 끝냈다.

"이제 아들은 갑니다."

그는 등불을 들고 돌아서서 무덤을 나왔다. 무덤 밖의 환한 햇살 때문에 잠시 눈을 감고 있는 동안 율법학자 사울이 다메섹으로 가다가 환한 빛 때문에 앞을 보지 못했다는 말이 생각나고 있었다. 문득 어디에선가 날아든 향긋한 바람이 코끝을 스치고 지나갔다.

"무슨 꽃이지……?"

천천히 눈을 뜨자 눈앞에 서 있는 한 여인의 모습이 보였다. 로마의 기사처럼 하얀 투니카를 걸친 여인은 가죽 띠에 단검을 차고 있었다.

"율리아, 당신이군요."

욥바와 엠마오에서 보았던 그 여자가 햇살처럼 환하게 웃고 있었다.

"내 이름을 어떻게 알았지요?"

"저…… 엠마오에서,"

"네?"

"아가씨와 함께 있던 젊은이가 그렇게 부르더군요."

"기억력이 좋으시네요."

"그냥, 여자 이름을 잘 기억하는 편입니다."

율리아가 웃으며 말했다.

"바람둥이세요?"

마르코스는 두 손을 내저었다.

"아뇨, 여자에게 관심이 없기 때문입니다."

말을 해 놓고도 이상했다. 여자에게 관심이 없으면서 여자의 이름을 잘 기억한다고 하여 말에 모순이 생겼던 것이다.

"그게 무슨 말이에요?"

"여자에게 관심이 없다보니 여자의 이름을 자주 바꿔 불러서 여러 번 실수를 하고 오해도 많이 받았거든요. 그것 때문에 어머니에게 늘 꾸중을 듣곤 했지요. 그래서 여자의 이름을 잘 챙겨 기억해 두는 버릇이 생긴 거죠."

총명해 보이는 율리아의 눈에 미소가 고였다.

"재미있네요."

"네?"

"누군가가 내 이름을 기억해 준다는 것은 기분 좋은 일이죠."

"그런데……"

그는 아직 웃지 못한 채로 그녀에게 물었다.

"나를 지키고 있었습니까?"

"네."

"나에 대해서 조사하실 일이 더 있나요?"

여자가 고개를 끄덕였다.

"어떤 수상한 자가 감람산의 묘지로 들어갔다는 보고를 받았거든요. 아침부터 무덤을 열고 들어간 사람이 도대체 누군지 알아보려고 왔어요."

"보고를 받았다면,"

마르코스가 그녀를 바라보며 다시 물었다.

"아가씨의 지위가 꽤나 높은 모양이죠?"

여자는 또 방긋 웃었다.

"조사는 그쪽이 아니라 내가 하는 거예요."

"아, 그렇군요."

이번에는 여자의 질문이 시작되었다.

"무덤에는 왜 들어갔어요?"

"아버지의 시신을 조사하기 위해섭니다."

"시신을요?"

"아버지가 살해를 당했는데 아직도 범인을 잡지 못했거든요."

여자가 다소 놀랐는지 눈을 크게 떴다.

"언제 돌아가셨는데요?"

"13년 전에요."

"네?"

여자는 또 어이가 없다는 듯 그를 바라보았다.

"어디서 돌아가셨지요?"

"알렉산드리아에서 살해당했습니다. 부두로부터 세라피스 신전 쪽으로 올라가는 도로에서 두 사람의 가해자가 습격을 한 겁니다."

그는 모친이 추리한 대로 가해자가 두 명이었다고 단정했다.

단 한 번을 빼놓고 모친의 육감은 틀린 적이 없었다. 10년 전의 그날 밤, 모친은 좋은 일이 있을 것 같다고 했는데 나사렛의 예수가 잡혀간 것이 단 한 번의 예외였다.

"그래서 알렉산드리아에 갔었나요?"

"네."

"거기서 13년 동안이나 조사를 했단 말인가요?"

"살해당한 지 3년 후에 내가 갔으니 10년 동안 한 셈이지요."

"집념이 대단하시군요."

"범죄자가 살아서 다니는 것을 용납할 수 없어서요."

그는 좀 떨어져서 이쪽을 바라보고 있던 인부들에게 오라고 손짓을 했다. 그들이 다가오자 등을 돌려주고 넉넉한 사례를 한 다음 무덤의 돌문을 도로 막아달라고 부탁했다. 그리고 다시 고개를 돌려 율리아를 바라보았다.

"조사할 일이 더 있습니까?"

그녀는 마르코스를 잠시 바라보더니 또 물었다.

"이제부터 어디로 가실 건가요?"

"베다니로 갑니다."

그는 여자에게 가볍게 목례를 하고 묘지 구역을 빠져나와 기드론 시내 건너편의 성전을 바라보았다. 헤롯 1세가 건축한 것이었다.

"그대들이 이 성전을 헐라."

나사렛의 예수는 유대인들에게 그렇게 말했다.

"내가 사흘 동안에 일으킬 것이다."

또 그가 잡히기 이틀 전에는 그것을 가리키며 말했다.

"이 성전이 장차 돌 하나도 돌 위에 남지 않고 다 무너뜨려질 것이다."

성전은 아직 그대로 서 있었다.

18
마르코스 요안네스

　발길을 돌려 감람산을 올라가던 마르코스는 무엇인가 자신의 등을 쓰다듬고 있는듯한 느낌이 들어 잠시 걸음을 멈추고 뒤를 돌아보았다. 하얀 투니카에 가죽 띠를 매고 단검을 찬 율리아의 시선이 그를 따라오고 있었다. 그녀가 가까이 다가오기를 기다려서 다시 물었다.
　"아직도 조사할 일이 남았습니까?"
　여자가 고개를 끄덕였다.
　"당신의 이름을 몰라서요."
　그는 여자의 반짝거리는 눈에 그 대답을 넣어 주었다.
　"마르코스입니다. 마르코스 요안네스."
　로마식으로 하면 마르쿠스였으나 그는 굳이 헬라식 발음으로 마르코스임을 강조했다. 그리고 유대 이름 요하난의 헬라식 이름인 요안네스까지 덧붙였다. 로마의 귀족들은 흔히 이름에 성을 붙여서 두 개의 이름을 쓰기 때문이었다.
　"당신에게 잘 어울리는 이름이군요."

마르코스라는 이름은 '큰 망치'라는 뜻이었다. 여자에게 관심이 없다고 했던 말을 율리아가 그의 이름과 엮어서 비꼬아 준 것이었다.

"혹시……"

마르코스는 다시 고개를 돌려 걷기 시작하며 물었다.

"내가 위험인물로 지목되어 있습니까?"

"로마 제국의 시각으로 볼 때는 유대라는 나라 자체가 위험한 나라지요."

그것은 유대인이면 다 위험인물이라는 뜻이었다.

"왜 위험한 나라지요?"

"다른 나라를 모두 이방이라고 깔보는 독선적인 나라니까요."

"그게 왜 위험한가요?"

"다른 나라의 존재를 인정하지 않는다는 것은 곧 현실과 문명을 부정하는 것이고 세상을 다 적으로 만드는 행위거든요. 게다가……"

"게다가?"

"유대인들은 자기네 민족의 신만을 진짜 신이라 하고 다른 나라의 신들은 인정하지 않아요. 그것이 바로 독선이지요."

"신들이 많아도 좋다는 겁니까? 우리 조상 아브라함은 그가 메소포타미아에 있을 때 모든 천체가 질서를 지키는 것은 그들이 오직 한 분의 창조주에게만 순종하기 때문이라고 생각했습니다. 헬라나 로마처럼 신들이 많다면 그들의 별마다 서로 싸워서 천체는 혼란에 빠질 테니까요."

"그렇지 않을 수도 있지요."

"어떻게요?"

"강한 신들이 약한 신들을 지배한다면 질서는 유지될 테니까요."

"그것이 바로 위장된 평화라는 겁니다."

"위장된 평화?"

"무력의 위협으로 유지된 평화는 그것이 무너질 때 함께 무너지거든요."

율리아가 그의 말꼬리를 잡았다.

"로마 제국이 무너질 것이라고 생각하나요?"

"세상 권세는 영원하지 못하니까요."

산등성이를 넘자 베다니 마을 전체를 뒤덮고 있는 인파를 보고 마르코스는 크게 놀랐다. 라사로의 집에 더 이상 자리가 없어 집 밖으로 넘쳐 나온 사람들이 그렇게 많았던 것이다. 세례를 받은 자들이 스테파노스 사건 이후 여러 나라로 흩어졌다고 했는데 아직도 예루살렘에 많은 사람들이 남아 있는 모양이었다.

"저들도 역시 위험한 자들이겠군요?"

그러나 율리아는 고개를 저었다.

"아직은 위험하지 않은 것으로 파악되고 있어요."

"왜요?"

"저들은 황제의 명령보다는 자신의 치유에 더 관심이 있으니까요."

"그런데 아가씨는 왜 저곳으로 갑니까?"

내리막길에서 발을 헛디딘 율리아가 잠시 몸의 균형을 잃으며 마르코스의 손을 잡았다. 제법 만만치 않아 보이는 모습과는 달리 그녀의 손은 매우 부드러웠다. 아직 그의 손을 잡은 채로 율리아가 대답했다.

"저들에게로 가는 것이 아니에요."

"그러면 왜?"

"지금 내 관심의 대상은 저들이 아니고"

"네?"

"내가 관심이 있는 쪽은 마르코스, 바로 당신이에요."

마르코스의 손에 땀이 배었다. 모친 말고는 처음으로 여자의 손을 잡았기 때문이었다. 알렉산드리아에서 10년 동안 수학을 공부한 그가 도대체 언제쯤 그녀의 손에서 자신의 손을 빼내야 할지 계산을 못하고 있었다. 아직도 그녀가 자신의 균형 잡기를 그의 손에 의지하고 있기 때문이었다.

마르코스 요안네스

　모여든 사람들을 헤쳐 가며 라사로의 집으로 다가가던 마르코스는 병자들을 돌보는 여자들 가운데서 낯익은 얼굴들을 많이 만났다. 그의 모친과 같은 이름을 가진 작은 야고보의 모친 마리아와 글로바의 아내 마리아도 만났고 막달라의 마리아도 그들 중에 있었다.
　"어머나, 마르코스 아니야?"
　병자들에게 음식을 나눠주던 막달라의 마리아가 허리를 펴고 일어서더니 그를 얼싸안았다. 10년 전 예수와 그의 제자들이 유월절 식사를 위해 마르코스의 집에 왔을 때부터 막달라의 마리아는 그와 각별한 사이였다. 라사로의 누이 마리아는 거기 없었으나 그녀는 또 다른 마리아를 소개했다.
　"이분이 구레네의 마리아님이야."
　"구레네요?"
　알렉산드리아 서쪽의 구레네에도 유대인들이 많이 건너가 살고 있었다.

"주님의 십자가를 대신 졌던 시몬님의 부인이셔."
"아, 그……"
그날 마르코스는 구경꾼들 속에서 십자가를 진 예수가 다른 두 죄수와 함께 끌려가는 모습을 지켜보고 있었다. 필라투스의 관정에서 채찍질을 당해 피투성이가 된 예수는 많이 지쳐 있었고 나무의 무게를 이기지 못해 자주 넘어졌다.
"그분이 바로?"
총독의 병사들은 거리에 나온 사람들 가운데서 한 사내를 끌어내 예수의 십자가를 대신 지게 했던 것이다.
"그분의 이름이 시몬이었군요."
시몬이라는 이름의 원형은 세마엘이고 '하나님께서 들으셨다'는 뜻이었다. 그래서인지 유대인의 이름에는 시몬이 꽤 많은데 예수의 십자가를 대신 졌던 그 사람의 이름도 또 시몬이라는 것이었다.
"저도 그분을 보았습니다."
막달라의 마리아가 구레네의 마리아에게 그를 소개했다.
"주님께서 유월절 식사를 하신 곳이 이 사람의 집 다락방이었어요."
"그럼 이분이 그 마르코스?"
나사렛의 예수와 그의 제자들이 마르코스의 집에서 마지막 식사를 했고 또 그가 잡혀간 후에 제자들이 숨어 있던 장소도 그곳이었다. 그래서 예수를 믿는 사람들 사이에 마르코스의 이름이 많이 알려진 것 같았다.
"맞아요."

그녀는 다시 마르코스에게 말했다.

"바나바님에게서 마르코스가 돌아왔다는 말을 들었어."

외삼촌은 벌써 베다니에 와 있는 모양이었다. 막달라의 마리아는 다시 마르코스의 곁에 서 있는 율리아에게 눈길을 주었다.

"그런데 이 아가씨는?"

율리아가 방긋 웃으며 그녀에게 목례를 했다.

"알렉산드리아에서 같이 왔나?"

"아뇨, 그냥……"

마르코스가 설명하기를 어려워하자 율리아가 나서며 아람어로 대답했다.

"전 수리아 총독의 직할 보안대에서 일하는 율리아예요."

막달라 마리아의 안색도 굳어졌지만 마르코스 역시 그 말을 처음 들었으므로 놀라며 그녀를 바라보았다.

"작금의 매우 예민한 정황 때문에,"

율리아는 자신이 베다니에 온 이유를 말했다.

"수리아 총독이 관할하는 모든 지역에서 열 명 이상의 인원이 모이면 당국의 주목을 받게 되어 있거든요."

열 명이 아니라 지금 라사로의 집 안과 밖에 모여 있는 사람들은 어림잡아 천 명도 넘을 것 같았다. 율리아가 막달라의 마리아에게 물었다.

"이 모임의 지도자들은 집 안에 있나요?"

"네, 그래요."

율리아는 마르코스를 힐끗 보고 나서 먼저 집 쪽을 향해 걷기 시작했다. 어쩔 수 없이 그도 두 명의 마리아에게 고개를 숙여보이고 율리아를 따라갔다.
 "유대에는 마리아라는 이름이 많은가 봐요."
 "히브리 이름으로는 쓰다는 뜻의 마라에서 나온 것인데 마리암네라는 헬라식 이름으로 바뀌었다가 다시 마리아로 된 것이지요."
 "왜 마리아가 그렇게 많아졌을까요?"
 "하스몬 왕가의 마지막 왕비인 마리암네에 대한 연민 때문입니다."
 "헤롯 1세와 결혼했던 여자요?"
 "그가 자신의 야망을 이루기 위해 마리암네와 결혼했다가 왕이 된 후에는 다시 자신의 야망 때문에 그녀를 죽였거든요."
 "유대인은 참 이상해요."
 "왜요?"
 "슬픈 기억을 늘 가슴에 품고 살거든요."
 '쓰다' 는 뜻을 지닌 여인의 이름에서 유대인의 특성을 집어낸 것이었다.
 "율리아라는 이름은 어떤 뜻입니까?"
 "그냥 율리우스의 여성형일 뿐이에요. 로마를 건국한 로물루스의 정신적 후계자가 율리우스라는 농부였다네요."
 그래서인지 로마 제국의 첫 카이사르도 그 이름이 율리우스였다.
 "그런데 당신은 이런 중요한 일에 왜 혼자 왔습니까?"
 "로마인은 능률을 중요시 하거든요."
 집의 안과 밖을 구분하는 문과 울타리는 이미 철거되어 있었다. 안마당이었던 곳에도 역시 많은 병자들이 들어차 있었다.
"아…… 저 분이."
나사렛 예수의 모친 마리아가 세배대의 아내와 함께 병자들에게 음식을 나눠주는 중이었고 그 외에 많은 여자들도 그들을 돕고 있었다.
"또 한 분의 마리아가 저기 계시네요."
마르코스도 전에 안면이 있었으므로 그녀에게 인사를 했다.
"저를 기억하시겠습니까?"
고개를 돌리던 그녀가 눈을 크게 떴다.
"아, 마르코스."
골고다에 있는 아리마대 요셉의 무덤에 맏아들을 장사하고 슬픔에 잠겨 내려왔을 때와는 달리 그녀의 얼굴은 매우 밝았다.
"알렉산드리아에서 공부하는 중이라고 들었는데."
"어제 저녁에 돌아왔어요."
그는 율리아에게도 마리아를 소개했다.
"이분이 나사렛 예수의 모친이신 마리아님이세요."
율리아가 놀라며 고개를 숙였다.
"그분의 모친이 어떤 분이신가 궁금했는데 이렇게 뵙게 되어 반가워요. 저는 마르코스를 따라 온 율리아예요."
이번에는 보안대 요원이라는 신분을 밝히지 않았다.
"결혼할 사람인가?"
"아뇨, 저……"
그 때 누워 있던 병자들이 갑자기 몸을 일으켰다. 안채로부터 게바를 비롯한 나사렛 예수의 제자들이 나오고 있었던 것이다.

마르코스가 보니 게바의 아우인 안드레도 있었고 요한과 야고보 형제도 보였다. 나다나엘과 빌립 그리고 열심당의 시몬과 다대오, 또 세리였던 레위와 작은 야고보 외에도 그가 얼굴을 기억하지 못하는 많은 사람들이 그들과 함께 다가왔다.

"형제들이여."

게바가 안마당과 바깥에 있는 모든 사람들이 다 들을 수 있도록 큰 소리로 말했다. 게네사렛 호수에서 그물을 던지며 동료들에게 외치던 버릇 때문인지 그의 음성은 매우 크고 우렁찼다.

"우리는 모두가 하나님의 자녀로 태어났습니다."

마당에 있던 병자들과 집 밖의 사람들이 일제히 큰 소리로 외쳤다.

"아멘."

"사탄이 창조주이신 하나님과 우리 사이를 갈라놓았고 그로 인한 낙망과 탄식이 우리를 병들게 했습니다. 그러나 창조주께서 보내신 독생자의 피로 씻음을 받으면 우리는 다시 그분의 자녀로 회복될 것입니다."

"아멘."

게바는 두 손을 치켜들고 하늘을 바라보며 기도했다.

"천지와 인간을 창조하신 하나님, 전능하신 아버지시여, 세상을 사랑하사 독생자를 보내 우리의 짐을 지고 우리의 슬픔을 당하게 하셨습니다. 그가 찔림은 우리의 허물 때문이요, 그가 상함은 우리의 죄악 때문입니다."

모든 사람들이 그것을 시인했다.

"아멘"

"그러나 부활하신 예수의 부름을 받고 저들이 여기 왔습니다. 상한 갈대를 꺾지 않으시고 꺼져가는 등불을 끄지 않으시는 아버지시여, 이제 그분의 사도된 우리가 저들에게 안수할 때 통회하는 심령을 살피시옵소서. 우리를 죄에서 구원하신 나사렛 예수 그리스도의 이름으로 간구합니다."

"아멘."

게바가 동료들을 향해 말했다.

"이제부터 여러분은 저들에게로 가서 부활하신 나사렛 예수 그리스도의 이름으로 안수하십시오."

사도들과 집사들이 병자들 속으로 걸어 들어가며 그들의 몸에 손을 대기 시작하자 게바도 그들 가운데로 들어가며 선지자 이사야의 글을 외쳤다.

"그가 징계를 받았기 때문에 우리가 평화를 누리게 되었고 그가 채찍에 맞았으므로 우리가 나음을 입게 되었도다."

그러자 마르코스의 눈앞에서 정말 기적이 일어나기 시작했다. 침상에 누워 있던 병자들이 일어나서 환호하고, 앞을 못 보던 자들이 눈을 떠 사방을 둘러보며 감사를 외쳤다. 벙어리가 입을 열어 하나님을 찬양하고 다리를 절며 왔던 사람들이 자신의 지팡이를 내던지며 춤을 추기 시작했다.

"할렐루야!"

마르코스는 할 말을 잃고 있었다. 10년 전에도 나사렛의 예수가 소경의 눈을 뜨게 했으며 죽은 라사로를 무덤에서 불러냈다고 했다. 그러나 전해 듣기만 했을 뿐 이렇게 눈앞에서 기적이 일어나는 것을 그는 처음 보았던 것이다. 나사렛 예수의 능력이

고스란히 그 제자들에게 옮겨진 것 같았다.

"세상에……"

그래서 마술사 시몬은 이것을 마법이나 마술로 생각한 것 같았다. 그러나 분명히 마술은 아니었다. 지팡이나 수건 같은 속임수도 없고 숨겨 놓은 장치도 없었다. 게바와 그의 동료들이 그저 나사렛 예수의 이름으로 기도하고 안수한 것뿐인데 여기저기서 한꺼번에 기적이 일어나고 있었던 것이다.

"이건, 마술이 아니야."

그 때 눈앞에서 벌어지는 일들을 보며 율리아가 외쳤다.

"마르코스, 이게 어떻게 된 거예요?"

병에서 놓여나 기뻐하는 사람들 속에서 그녀는 사방을 둘러보며 당황하고 있었다.

마르코스 요안네스

    나사렛 예수의 제자들이 병자들을 위해 안수하고 손을 내미는 사람들마다 잡아주며 축복하는 시간은 매우 오래 걸렸다. 누군가 하나님과 그 아들을 찬미하기 시작하자 그 노래가 점점 크게 울려 퍼졌다.

    저희가 그 근심 중에서 여호와께 부르짖으매
    그 고통에서 구원하시되
    저가 그 말씀을 보내어 저희를 고치사
    그 위험한 지경에서 건지시는도다
    여호와의 사랑하심과
    인생에게 행하신 기적을 보고 그를 찬송할지로다
    감사제를 드리며 노래하여
    그가 행하신 일을 선포할지로다

    모든 사람들이 노래하고 어떤 이들은 춤을 추었다. 안수하던 제자들과 병에서 벗어난 자들과 섬기던 여인들이 한꺼번에 노래와 춤 속에 휩싸였다. 노래하는 사람들 속에서 마르코스는 한 얼굴을 발견하고 깜짝 놀랐다.

"아니, 네가?"

그는 바로 아폴로스였다. 언제나 상황의 변화를 예리하게 관찰해가며 논리의 방향을 탐색하는 그가 나사렛 예수의 제자들이 하는 일을 파악하기 위해 베다니에 온 모양이었다. 그가 있는 쪽으로 다가가려는데 예수의 제자들과 집사들이 노래하는 사람들 속에서 빠져나오고 있었다.

"독생자를 우리에게 보내주신 아버지시여"

게바는 다시 하늘을 바라보며 두 손을 들었다.

"고통과 절망 속에서 부르짖는 자들을 돌아보시고 저들의 간구를 들어주신 하나님아버지께 감사와 영광을 돌리나이다."

"아멘."

게바의 기도가 계속되었다.

"슬픔을 기쁨이 되게 하시고 신음으로 노래가 되게 하시고 아픔의 날들로 감사의 날이 되게 하셨습니다. 우리에게 베푸신 사랑을 온 세상에 증거할 수 있도록 저들에게 성령을 부어 주시고 땅끝까지 구원을 선포하게 하소서."

"아멘."

그는 다시 사람들을 향해 크게 외쳤다.

"우리 주 예수 그리스도의 은혜와 하나님 아버지의 사랑과 성령의 교통하심이 여러분과 함께 하시기를 바랍니다."

그가 축복하자 사람들이 다 같이 화답했다.

"그리고 사도에게도 함께 하시기를."

제자들이 축복을 마치고 안으로 들어가자 마르코스는 아폴로스를 나중에 찾아보기로 하고 급히 그들을 따라갔다. 그가 집 안으로 들어섰을 때 게바는 동료 및 집사들과 더불어 의논을 하고 있었다.

"여러분,"

게바가 입을 열었다.

"안티오키아의 정황도 심상치 않은 것 같습니다. 아침에 도착한 루키오스 형제가 그곳에서 벌어지고 있는 일을 설명해 줄 것입니다."

루키오스라는 사람이 그들 앞에 나섰을 때 마침 마르코스가 안으로 들어서서 그들의 의논은 잠시 중단되었다. 게바가 먼저 그를 알아보고 두 팔을 크게 벌렸기 때문이었다.

"마르코스가 아닌가? 아주 의젓해졌구나."

그는 필시 10년 전 그 밤의 마르코스를 기억하고 있는 것 같았다.

"그날 오셨던 분들 중에 두 분이 안보이네요."

"도마는 페르시아로, 나다나엘은 아르메니아로 갔지."

"네?"

"복음을 전하기 위해 먼저 떠난 거야."

무엇이든지 따지기 잘하던 도마와 나다나엘이 벌써 예루살렘을 떠났다는 것이었다. 다락방에서 성령을 받은 이후로 모두가 달라진 것 같았다.

"소문으로만 들었는데 놀라운 일이 벌어지고 있군요."

"나와 모든 형제들도 놀라고 있단다."

그는 요한과 야고보를 비롯한 예수의 제자들과 인사를 나누었고 예수의 십자가를 대신 졌다는 구레네의 시몬과 그의 아들들인 알렉산더와 루포도 만났다. 그리고 처음 보는 예수의 아우 야고보와 요셉, 시몬, 유다와도 인사를 나누었다. 그들은 본래 형인 예수보다 열심당 쪽에 더 가까웠던 사람들이었다.

"자네 집에서 마지막 식사를 하셨다지?"

예수의 아우 야고보가 물었다.

"네."

야고보가 어깨를 흠칫하며 말했다.

"그 때 우리는 예루살렘에서 거사할 계획을 열심히 짜고 있었지."

그들은 예수가 초막절에 예루살렘으로 올라가면 열심당과 함께 따라가 반란을 일으키고 그를 왕으로 추대하려 했다. 그러나 예수가 자취를 감추어 무산되었고 갈릴리에서의 반란도 정보가 새어 실패했다. 다시 유월절 전에 예수가 예루살렘에 간다고 하여 세 번째 계획을 세웠으나 그가 잡혀서 또 좌절되었던 것이다.

"그런데 자네와 함께 온 여자분은 누구인가?"

성미가 급한 세배대의 아들 야고보가 율리아를 바라보며 물었다.

"아, 이분은……"

이번에도 율리아가 직접 나서며 자신을 소개했다.

"저는 수리아 보안대의 율리아에요."

"보안대?"

"아시다시피 지금 예루살렘에 폭동의 조짐이 있어서 열 명 이상의 집회를 금지하고 있는데 이곳 베다니에는 지금 천 명도 넘는 사람들이 모여 있습니다. 당국이 개입하기 전에 먼저 자진 해산을 해 주시기 바랍니다."

게바가 앞으로 나서며 설명을 했다.

"이미 와서 보았겠지만 여기 온 사람들은 모두 병자이거나 가난한 사람들이오. 이들은 폭동을 일으키기 위해서가 아니라 고침을 받고 구원을 얻기 위해 온 것이오."

"그 판단은 총독이 할 것입니다."

"아가씨가 정확한 보고를 하면 총독도 이해가 되지 않겠소?"

"수리아 총독은 이미 황제로부터 유대에 대한 공격 명령을 받아 놓고 있는 상태입니다. 병을 고치려는 자와 고쳐주는 자가 함께 목숨을 잃는 불행한 사태가 발생하지 않도록 각별히 유의하시기 바랍니다."

"미리 알려 주어 감사하오. 우리가 그 문제를 의논하겠소."

"들어오면서 보니 무엇인가 의논 중이었던 것 같은데 그냥 계속하세요. 여러분이 어떤 의논을 하는지 지켜보겠습니다."

보안대 요원이 입회한 자리에서 회의를 진행하는 것이 썩 내키지는 않았으나 숨길 것이 없다는 듯 게바는 동료들을 바라보았다.

"자, 그러면 루키오스 형제의 보고를 들어봅시다."

안티오쿠스 왕조의 수도였던 안티오키아는 로마 제국이 동방을 경영하는 거점이었고 예수의 제자들 가운데서도 그곳에 대한 관심이 커지고 있었다.

"저는 본래 구레네에 살고 있었습니다."

루키오스가 먼저 자신을 소개했다. 예수의 십자가를 대신 졌던 시몬과 마찬가지로 그도 역시 구레네 출신이었던 것이다.

"칠칠절 기간 중 예루살렘에 올라왔다가 게바님의 말씀을 듣고 세례를 받았습니다. 스테파노스 집사가 살해당한 이후 많은 형제들이 안디옥으로 옮겨갈 때 저도 따라가서 복음을 전하고 있었지요."

"안티오키아의 사태는 어떻게 된 겁니까?"

"유대인과 헬라인 사이에 벌어진 싸움 때문인데요."

알렉산드리아와 마찬가지로 안티오키아에서도 유대인과 헬라인 사이에 감정 싸움이 시작된 것 같았다.

"역시 그 이면에는 우상 문제가 있는 겁니까?"

예수의 아우 야고보가 물었다.

"안티오키아의 경우는 곡마단 사이의 파벌 싸움으로 갈등이 시작되었지요."

"곡마단?"

어디를 가나 그 곡마단이 문제였다. 알렉산드리아의 경우에는 곡물 거래의 분쟁이 신상 건립 반대와 뒤섞여 폭동으로 비화했으나 안티오키아의 문제는 대중의 인기를 끌고 있는 공연 단체인 곡마단에 있었다. 곡마단 공연의 주축을 이루고 있는 것은 곡예와 마술 두 종목이었다. 헬라인들의 곡예와 마술도 수준이 꽤 높은 편이었으나 유대인의 기예도 만만치 않았다.

"그 일이라면 여기서도 응원군을 보냈다고 하던데."

"문제는 우리 형제들에게 불똥이 될 수도 있기 때문입니다."

요한이 고개를 끄덕였다.

"곡마단의 두 세력 사이에 분쟁이 일어났다고는 하나 알렉산드리아의 경우처럼 역시 우상의 문제로 옮겨갈 가능성이 많습니다."

바나바도 루키오스의 말을 알아들었다.

"유대인 세력 쪽에 가담하면 로마 제국의 탄압을 받게 되어 복음의 전파에 지장이 있을 것이고, 유대인 쪽에 가담하지 않으면 그들은 우리가 믿는 복음이 우상 숭배를 인정하는 것이라고 오해하게 되겠지요."

자칫하면 안티오키아에 있는 형제들이 유대인과 헬라인 사이에 끼어서 희생이 될 수도 있다는 뜻이었다. 게바가 다시 동료들을 둘러보았다.

"우리가 어떻게 하면 좋겠소?"

안티오키아 출신의 니콜라오스 집사가 의견을 말했다.

"우선 사태가 가라앉을 때까지 은밀하게 활동하는 것이 좋겠군요."

"숨어서 복음을 증거하자는 것이오?"

게바가 그에게 반문했다. 그는 지금까지 당당하게 제사장들과 맞서면서 나사렛 예수의 이름으로 거침없이 복음을 전해 왔던 것이다. 게바의 심기가 편치 않은 것을 눈치챈 니콜라오스가 설명을 덧붙였다.

"숨자는 것이 아니라 신중하자는 것이지요. 안티오키아는 장차 복음 전파의 중요한 거점이 될 것 같은데 자칫 헬라인과 유대인의 분쟁에 우리가 말려들게 되면 처음부터 큰 낭패를 보게 될 테니까요."

"신중하게 한다는 게 무엇이오?"

게바는 마르코스의 집에서 숨어 지냈던 부끄러운 기억을 떠올린 것 같았다.

"선교 사역을 키프로스 쪽에 치중하는 것도 방법이구요."

"성령의 길을 구부러지게 하자는 것인가?"

안티오키아에서 온 루키오스가 고개를 저었다.

"키프로스로 건너가기엔 우리의 수가 너무 많습니다."

게바는 다시 키프로스 출신인 바나바 쪽으로 고개를 돌렸다.

"바나바, 그대의 의견은 어떻소?"

"제 생각으로는……"

그가 잠시 좌중을 둘러보더니 입을 열었다.

"우리가 성령이 하시는 일을 멈추거나 늦추거나 돌리기보다는 주님께서 우리에게 당부하신 일에 더 힘을 쓰는 것이 좋을 것 같습니다."

"당부하신 일?"

"배고픈 자를 먹이고, 목마른 자를 마시게 하고, 헐벗은 자를 입혀 주며, 아픈 자를 보살피고, 감옥에 갇힌 자를 돌보는 일 말입니다. 우리가 그 일에 더 힘을 쓰면서 복음을 전하자는 것이지요."

안티오키아는 큰 성읍이었다. 사람이 많이 모여 사는 곳일수록 실패하여 뒤처지거나 견디지 못하여 쓰러진 자들도 더 많게 마련이었다. 예수의 십자가를 대신 졌던 구레네의 시몬이 그 의견에 동조했다.

"주님의 십자가를 지는 일을 두려워할 까닭이 없습니다. 우리가 착한 일에 힘쓰면 헬라인이나 유대인이나 또는 로마인이라도 우리를 어떻게 하지 못할 것입니다. 착한 일을 금하는 법은 세상에 없기 때문입니다."

좌중의 모든 사람들이 고개를 끄덕이자 게바는 그들 가운데서 눈을 감고 있는 사내를 향해 물었다.

"아가보 선지자의 말씀을 들어봅시다."

그가 눈을 뜨며 게바를 바라보았다.

"어차피 성령께서는 여러분을 모두 예루살렘 밖으로 보내실 것입니다. 모든 지역에 새 일꾼이 필요할 때마다 주저하지 말고 보내십시오."

"자, 그러면"

게바가 결론을 이끌어냈다.

"니콜라오스 집사가 말한 것처럼 안티오키아는 군사적으로 중요한 거점이지만 우리에게도 헬라와 아시아에 복음을 증거하기 위해 포기할 수 없는 교두보입니다. 우리가 그동안 해온 것처럼 착한 일로 안티오키아를 점령합시다."

게바의 그 말에 모두들 동의했다.

"아멘."

"그러면 내가 한 가지를 제안하겠소."

그는 잠시 구레네의 시몬을 바라보다가 입을 열었다.

"오늘 시몬 형제의 의견대로 우리가 주님의 십자가를 더 힘써 지기로 하고 시몬 형제를 안티오키아에 파송하여 같은 구레네 출신인 루키오스 형제와 함께 그 일에 더욱 힘쓰게 하는 것이 어떻겠습니까?"

모든 지역의 형제들은 나사렛 예수와 직접 만나고 함께 일했던 사도들의 권위를 인정하고 있었다. 구레네의 시몬이 비록 사도들 중의 하나는 아니나 예수의 십자가를 대신 졌던 것만으로도 형제들의 구심점 역할을 할 수 있을 것이었다. 의논하던 이들이 모두들 손뼉을 치며 게바의 제안을 받아들였다.

"시몬 형제를 안티오키아로 보냅시다."

안티오키아로 갈 것이 결정된 시몬이 사람들에게 고개를 숙여 보이며 말했다.

"형제 여러분의 결정에 순종하겠습니다. 저의 두 아들 알렉산더와 루포 그리고 아내 마리아도 함께 데리고 안티오키아로 가겠습니다."

"할렐루야."

"여러분, 감사합니다."

마르코스 요안네스

유월절이 시작되려면 아직 시간이 이른데도 지난날 헤롯 1세가 윗성과 아랫성 사이에 건설한 연극장에 사람들이 모여들기 시작했다. 로마 군대가 성전을 철통같이 지키고 있어서 연극장을 집회 장소로 선택한 것 같았다.

"어떻게 되는 거야?"

연극장에서 가장 가까운 곳에 사는 게메로스가 벌써 그 자리에 와 있었다.

"아무래도 그냥 지나가지는 않을 것 같애."

마르코스는 고개를 저었다.

"무장한 로마군이 이미 성을 둘러싸고 있는데."

"아, 저기 아폴로스도 오는군."

헤롯궁 쪽에서 내려오고 있던 아폴로스가 그들을 발견하고 달려왔다.

"아리엘에 또 불을 지피려는 모양이지?"

그는 석양에 화로처럼 붉게 타오르던 성벽을 기억하며 그렇게 말했다. 이제 해가 지고 하늘이 붉게 물들어 유월절이 시작되면 예루살렘은 또 광란에 휩싸일 것이 뻔했다. 아폴로스는 한숨을 쉬었다.

"왜 우리 유대인에게는 격렬한 피가 흐르고 있는 것일까?"

"원한의 유전이지."

게메로스의 자조적인 대답이었다.

"무슨 원한?"

"남편을 수없이 바꾼 여자의 원한."

예레미야 선지자가 하나님이 이스라엘 백성에게 전하라고 한 내용에 나는 네 남편이라고 한 말이 들어 있었다. 이스라엘은 그 남편을 버리고 앗수르와 바벨론, 페르시아와 헬라, 그리고 애굽과 로마 등 여러 남편과 살아왔던 것이다.

"그건 북왕국 이스라엘에 전하라는 말씀이었어."

"예루살렘도 마찬가지 아니야?"

앗수르 하나가 숫자에서 빠졌을 뿐 남왕국 유다도 여러 남편과 살아온 것은 결국 마찬가지였다. 하나님이 선택한 백성이라며 다른 나라를 이방이라고 깔보다가 그들에게 짓밟혔던 것이다. 모멸의 밑바닥까지 전락하는 과정에서 그들의 원한은 자신에 대한 분노로 축적되고 장전되었다가 더 이상 견딜 수 없는 상태가 되면 걷잡을 수 없이 폭발하게 되는 것이었다.

"알렉산드리아에서 폭동을 피해 고향으로 왔는데 여기서 또 폭동이 일어나면 우리는 어디로 가야 하는 거야?"

"게메로스, 넌 파포스로 간다고 했잖아."

"서둘러 이곳을 빠져나가야겠어."

159

게메로스가 다시 아폴로스를 바라보았다.

"넌 아테네로 가겠다고 했지? 우리와 함께 떠날까?"

그가 우리라고 한 것은 알렉산드리아에서 데리고 온 여자 니오베를 데리고 떠나겠다는 뜻이었다.

"좀 더 상황을 봐서."

"무슨 상황?"

"예루살렘에 아직 확인할 것이 남아 있어."

마르코스는 베다니에서 보았던 그를 떠올렸다. 그도 역시 마르코스처럼 베다니에서 충격을 받았던 것임에 틀림없었다. 그는 나사렛 예수를 따르는 자들이 하는 일의 귀추를 좀더 지켜보고 아테네로 갈지 여부를 결정할 모양이었다.

"너도 마르코스처럼 범인을 추적하고 있어?"

"생각의 표적을 찾고 있지."

그러는 동안 극장 안은 어느새 모여든 사람들로 북적거리고 있었다. 극장 안이 붉은 노을로 가득 차고 긴장 속의 유월절은 시작되었다. 벌써부터 큰 소리로 떠들어대는 사람들이 있었다.

"우리가 가만히 있으니까 우습게 보는 거야."

그들의 화제는 역시 우상 문제였다.

"도대체 왜 우리가 미친놈의 말을 들어야 해?"

누군가 거침없이 황제를 미친놈으로 단정했다. 여기저기서 불만의 목소리가 커지고 있을 때 그들 속에서 또 한 사람이 큰 소리로 외쳤다.

"여러분, 세상의 많은 우상을 우리의 힘으로 다 없앨 수는 없습니다."

"누구야, 이건?"

"애굽과 헬라와 로마뿐 아니라 온 세상에 수많은 우상들이 있고 집집마다 모셔 놓고 복을 비는 우상들도 있습니다. 그 많은 우상들을 다 없애려면 하나님의 나라가 임해야 합니다."

그 목소리가 귀에 익었다.

"아니, 저 사람은?"

마르코스가 돌아보니 베다니에서 보았던 아가보라는 사람이었다. 게바는 그를 선지자라고 했었다. 사람들 속에서 하나가 큰 소리로 그에게 물었다.

"어떻게 해야 하나님의 나라가 온답니까?"

"여러분이 먼저 죄를 회개하고 하나님께로 돌아와야 합니다."

그러자 또 다른 사람이 물었다.

"아니, 우리가 무슨 죄를 지었단 말이오?"

"하나님이 우리에게 약속하신 대로 보내신 그분의 아들을 우리가 십자가에 못박아서 죽인 죄입니다. 이제 여러분이 회개하고 그의 피로 죄 사함을 받으면 하나님은 우리를 구원해 주실 것입니다."

그러자 많은 사람들이 화를 내며 외쳤다.

"여기 또 미친놈이 나타났군."

"죽은 자가 어떻게 우리를 구원한다는 거야?"

그러나 아가보는 굽히지 않았다.

"그분은 죽지 않고 살아나셨습니다."

또 한 사람이 그에게 삿대질을 하면서 소리쳤다.

"우리는 지금 하나님의 성전에 살아 있는 황제의 신상을 세우려는 일에 반대하려고 모인 거야. 하나님이 구원을 베푸신다면 죽은 자를 섬기는 미친놈들에게가 아니라 우리에게 먼저 베푸시겠지."

"여러분, 나사렛의 예수께서 미리 말씀하신대로 성전은 곧 무너지고 예루살렘은 멸망하게 될 것입니다. 늦기 전에 그분을 믿고 회개하십시오."

사람들 속에서 누군가가 외쳤다.

"우리가 먼저 이 미친놈부터 처단합시다."

그들이 일제히 아가보에게 달려들려고 할 때에 갑자기 연극장 입구 쪽에서 시끄러운 고함 소리가 들렸다. 연극장에 불온한 자들이 모여든다는 정보를 받고 로마의 기병대가 출동한 것이었다.

"로마군이다!"

"칼리굴라의 개들을 몰아내자!"

마침내 군중은 폭도로 변했다. 칼을 뽑아 휘두르는 로마의 기병대를 향해 돌을 던지고 폭력으로 대항하기 시작한 것이었다.

"안되겠어, 여기서 빠져나가야 해."

게메로스가 그렇게 말하며 사람들 사이를 헤쳐나가기 시작했다. 마르코스는 아가보에게 달려드는 사람들을 밀치며 그를 보호했다.

"일단 여기서 나가시죠."

"고맙네, 자네는 마르코스가 아닌가?"

베다니에서 게바와 인사를 나눌 때 그가 보았던 모양이었다. 여기저기서 비명 소리가 들렸고 로마 병사의 칼에 맞아 피를 흘리는 사람들도 있었다.

"어디로 가시겠습니까?"

"베다니로 가야겠어. 베다니가 위험해."

천여 명의 병자들이 아직 그대로 거기 있다면 폭도로 오해받아 로마군의 공격을 당할 가능성도 있었다. 또 평소에 그들을 곱지 않게 보아온 유대인 폭도들이 그들을 습격하여 위해를 가할 수도 있었다.

"아폴로스, 너도 어서 피해."

그러나 아폴로스는 그를 떠나려 하지 않았다.

"나도 베다니로 가겠어."

연극장을 빠져나온 유대인들은 로마 군대뿐 아니라 성내의 모든 시설들을 닥치는 대로 습격하고 파괴했다. 성전산 북쪽의 프래토리아로 몰려간 사람들은 안토니아 망대에 불을 질렀고, 헤롯 궁도 습격하여 히피쿠스 망대와 바사엘 망대에도 불을 질렀다. 그 이름 때문인지 마리암네 망대는 무사했으나 뛰어나온 헤롯의 병사들은 폭도들에게 무참하게 짓밟혔다.

마르코스 요안네스

　예루살렘에서 로마 군대와 싸우고 망대에 불을 지르며 헤롯의 병사들을 습격하던 군중의 일부는 마르코스가 예상했던 대로 베다니로 몰려가고 있었다.
　"나사렛의 문둥병자들을 처단하자."
　"그들은 문둥병을 옮기는 자들이니 죽여야 한다."
　"문둥병자들을 죽여라!"
　마르코스와 아폴로스가 본 바로는 베다니에 문둥병자가 없었다. 그러나 흥분한 폭도들은 전에 예수가 베다니의 문둥병자 시몬의 집에서 식사한 일을 두고 그렇게 선동하며 예수를 따르는 모든 자를 다 문둥병자로 몰아붙인 것이었다.
　"병자들이 꼼짝 못하고 당하겠는걸."
　감람산을 넘어갔을 때 이미 폭도들은 베다니 마을에 가득 차 있었다. 그러나 놀랍게도 로마 기병대가 라사로의 집과 그 근처에 모여 있는 병자들을 철통같이 지키고 있었다. 아폴로스가 앞을 가리켰다.

"저 여자는……?"

기병대 가운데 하얀 투니카를 걸친 여자가 보였다. 그녀는 말 위에서 폭도들을 내려다보며 외쳤다.

"예루살렘 백성들이여, 모세의 율법을 지켜라."

그녀는 수리아 보안대의 율리아였다. 폭도들이 의아하여 멈칫거릴 때 다시 추상 같은 말이 이어졌다.

"모세의 율법에는 네 이웃을 압제하지 말고, 귀먹은 자를 저주하지 말며, 소경 앞에 장애물을 두지 말라고 되어 있다. 로마 군대가 조사한 바에 의하면 여기 있는 사람들은 귀먹은 자와 소경과 병든 자들과 가난한 자들 뿐이니 이들을 압제하고 해를 가한다면 당신네 신의 저주를 받을 것이다."

소란을 피우던 백성들이 멈칫거리자 또 누군가가 외쳤다.

"우리는 문둥병자를 처단하려는 것이오."

그러나 율리아는 목소리를 높였다.

"로마 군대는 이미 이곳에 문둥병자가 없음을 확인했다. 당신들이 거짓으로 꾸며내어 이곳에 문둥병자가 있다고 말한다면 이는 네 이웃에 대하여 거짓 증거하지 말라는 계명을 또 어기는 것이다."

그것은 모세가 하나님으로부터 받은 열 가지 계명 중에서 아홉 번째였다. 율리아의 엄한 훈시가 다시 이어졌다.

"당신들의 신이 모세에게 명하기를 헛된 소문을 전파하지 말고, 악인과 함께 연합하여 모함하는 증인이 되지 말 것이며, 다수를 따라 악을 행하지 말라고 하였으니 이를 위반하는 자는 돌에 맞게 될 것이다."

그녀의 호통을 들은 자들이 다 놀랐지만 마르코스와 아폴로스도 놀라지 않을 수 없었다. 그녀가 모세의 율법을 거침없이 쏟아 내고 있는 것도 놀라운 일이었으나 수리아 총독 직할 보안대에 소속되어 있다는 요원들의 정보 수준이 그 정도로 높을 줄은 미처 몰랐던 것이다.

"당신이 이방인이면서 감히 모세의 율법을 입에 담는가?"

누군가 그렇게 시비하자 그녀가 꾸짖었다.

"아직도 모세의 율법을 깨닫지 못하는가? 당신들의 신이 모세에게 이르기를 내 말에 순종하지 않으면 그 자녀를 다른 민족에게 빼앗길 것이라 하지 않았던가? 이미 많은 나라들에게 당하고도 얼마나 더 당하려고 율법을 어기려는가?"

율리아의 말에 폭도들이 더 이상 당하지 못하여 물러설 때 그녀는 한 번 더 그들을 향해 모세의 율법을 던졌다.

"너는 네 백성 중으로 돌아다니며 사람을 논단하지 말며, 네 이웃을 대적하여 죽을 지경에 이르게 하지 말라. 너는 네 형제를 마음으로 미워하지 말며, 동포를 원망하지 말며, 네 이웃 사랑하기를 네 몸과 같이 하라. 나는 여호와니라."

그녀의 호통을 들으며 아가보 선지자는 하늘을 우러러보았고 마르코스와 아폴로스도 서로의 얼굴을 마주 보았다. 그녀의 입에서 나온 말들은 모두 토라의 출애굽기와 레위기와 신명기에 기록되어 있는 내용들이었다.

마르코스 요안네스

　모세가 받은 십계명의 돌판처럼 글을 적어 남기는 최초의 재료는 돌이었다. 수메르와 바벨론에서는 진흙판에 글자를 찍어 문서를 만들었고 나무판에 새긴 문서도 있었다. 그러나 문서 제작이 본격화된 것은 애굽산 파피루스의 내피로 엮어 만든 파피루스 종이가 나오면서였다. 파피루스 종이를 여러 장 붙여서 굴림대에 말아 놓은 것이 '므길라', 즉 두루마리였다.
　"필사할 때 글자가 틀리면 안되겠군요."
　성전 서기관의 배려로 제본소를 둘러보며 마르코스가 말했다. 서기관 세멜은 부친 이드란이 파피루스 종이를 납품할 때부터 친분이 두터웠고 마르코스도 어렸을 때부터 알고 있었다. 폭동이 좀 진정되기는 했으나 이방인들로부터 문화 유산을 지켜내려는 유대인들의 신경이 몹시 날카로울 때였다.
　"물론이지."
　세멜이 고개를 끄덕였다.
　"특히 율법서와 예언서를 필사할 때에는 두 명이 지켜보는 가운데 한 사람이 쓰는데 점 하나라도 틀리면 도려낸 후 다시 써야 하거든.”

그 때 필사를 하던 사람과 지켜보던 두 사람이 갑자기 자리에서 일어서더니 밖으로 나갔다. 마르코스는 외부인이 들어왔기 때문인가 하여 세멜에게 물었다.

“저 사람들은 왜 나가는 거죠?”

“하나님이 나왔기 때문이야.”

“네?”

“하나님이라는 글자가 나오면 목욕을 하고 새 붓을 사용하거든.”

“뭐라구요?”

마르코스는 놀라서 입을 벌린 채 다물지를 못했다. 그 자신도 알렉산드리아에서 헬라어로 번역된 율법서와 예언서 그리고 성문서의 두루마리들을 읽어보았기 때문에 하나님을 의미하는 엘로힘이나 여호와 또는 아도나이, 즉 주님이라는 글자가 얼마나 많이 나오는지 알고 있었던 것이다.

“하나님이라는 글자가 틀리면 큰일이겠군요?”

“그 때는 처음부터 다시 써야 해.”

세멜은 두루마리를 제작하는 과정도 보여 주었다. 폭이 1규빗 되는 파피루스 종이를 이어 붙여서 두루마리를 만들고 있었다.

“길이는 어느 정도로 만드나요?”

“두루마리 하나가 100규빗쯤 되지.”

“너무 길면 두루마리를 운반하기 어려울 정도로 무거워지겠군요.”

"그래서 토라가 다섯 권으로 나뉘어진 거야."

마르코스는 특히 파피루스 종이를 규격대로 재단하는 모습을 유심히 살폈다. 그가 예상했던 대로 종이를 재단할 때에는 모두 람다(Λ)형의 가위를 사용하고 있었다. 그러나 모두가 그런 것은 아니었다. 긴 부분을 재단할 때에는 키(X) 형의 가위를 쓰는 사람들도 있었다.

"여기 말고 또 큰 제본소들이 있나요?"

"도서관이 있는 곳에는 제본소도 있게 마련이지."

"그렇다면……"

"자네가 공부했던 알렉산드리아의 도서관이 유명하고 메소포타미아의 서적들이 모여들던 수리아의 비블로스, 그리고 페르가몬과 에베소의 도서관도 규모가 꽤 큰 편이지. 물론 아테네에도 큰 도서관이 있고."

"그렇겠군요."

그의 말대로 큰 도서관이 있는 곳마다 제본소가 있을 것이고 그곳마다 많은 재단사들이 파피루스 종이과 양 가죽과 송아지 가죽들을 가위로 재단하고 있을 것이었다. 그 재단사들을 다 조사한다는 것은 불가능한 일이었다. 설사 제본소마다 찾아다니면서 조사를 한다고 해도 아버지를 살해한 범인을 찾아낼 수 있는 확률은 거의 메덴, 즉 영(零)에 가까울 것이 뻔했다.

"좋은 견학을 했습니다."

서기관 세멜이 출구까지 따라나오면서 물었다.

"앞으론 뭘 할 거야?"

"글쎄요, 아버지처럼 파피루스 납품이나 해 볼까요?"

"부친께서 하시던 일을 복구해 보는 것도 괜찮은 일이지."
"그럴까요?"
"이스라엘이 망한 것은 결국 장사의 경쟁에서 뒤졌기 때문이거든."

그것은 사실이었다. 광야에서 떠돌던 이스라엘은 무력으로 가나안 땅을 점령했으나 가나안은 지중해의 교역을 장악하고 있었다. 이스라엘이 북과 남으로 분단되어 둘 다 멸망한 것은 장사에 둔하고 정보가 부족했기 때문이었다.

"흩어져 살면서 조금씩 나아지고 있지 않습니까?"
조상 때부터 내려온 방랑의 유전 때문일 수도 있었다.
"어쨌든 후회 없는 삶을 계획하게."

세멜의 그 말은 귀신의 그림자나 찾아다니는 것보다는 미래가 더 중요하다고 했던 아폴로스의 말을 연상케 했다. 원수 갚는 일을 하나님께 맡기자고 했던 모친의 말도 생각났다.

"감사합니다. 안녕히 계세요."

세멜 서기관에게 인사를 하고 제본소를 나섰을 때 그는 낯익은 사람을 만났다. 흰색의 투니카에 가죽띠를 맨 젊은이였다.

"아니, 당신은……?"

그는 엠마오에서 게메로스의 발길에 걷어차였던 자였다.

"네, 크라투스 필롤로구스입니다."

이름 뒤에 가문명을 붙이는 것으로 보아 제법 명문가의 자제인 모양이었다.

"그런데, 이곳에는 어쩐 일이시오?"
"실은 마르코스, 당신을 기다리고 있었습니다."

그가 제본소에 온다는 것을 아무에게도 말한 적이 없는데 크라투스라는 자는 제본소 앞에서 그를 기다렸다고 했다. 이는 수리아 보안대의 정보망이 그만큼 조밀하고 신속하다는 것을 말해 주는 것이었다.

"왜요?"

"율리아 아가씨께서 못 보고 떠난다는 인사를 전해달라고 해서요."

"그래요?"

마르코스는 고개를 갸웃거렸다. 그로서는 율리아에게 감시를 당하는 입장인 줄로만 알았는데 인사를 전해달라는 것이 이상했던 것이다.

"아가씨가 어디로 가셨는데요?"

"오늘 아침, 안티오키아로 급히 떠났습니다."

안티오키아는 수리아 총독이 주재하는 곳이었다.

"무슨 일로……?"

물어 놓고 보니 보안대 요원의 임무는 기밀 사항이었다.

"총독께서 자살 명령을 받았거든요."

"엣?"

"유대를 공격하라는 황제 폐하의 명령을 수행하지 않았기 때문이지요."

꽤 기밀에 속하는 일까지도 크라투스가 말해 준 것은 그와 율리아의 관계에 특별한 배려를 해 주는 것 같기도 했다.

"아그립바 왕과 필로 선생의 설득이 안 먹혔나요?"

"폐하의 심기가 아그립바 왕을 만나 꽤 호전된 것으로 알았는데 헬라인 대표로 간 아피온이 유대인을 불온 세력으로 몰아붙여 황제를 격노케 한 모양입니다. 필로 선생은 제대로 발언도 못해보고 쫓겨났답니다."

"어떻게 헬라인이……"

로마인 크라투스도 잘난척하는 헬라인에 거부감이 있는 것 같았다.

"학문이 높을수록 야비해지는 모양이지요."

"그런데,"

마르코스가 궁금했던 것 한 가지를 더 물었다.

"총독께서 황제 폐하의 자살 명령을 받았다면 율리아 아가씨가 달려간다고 상황이 달라지겠습니까?"

크라투스가 잠시 사이를 두었다가 대답했다.

"그래도 가만히 있을 수는 없지요."

"왜요?"

"페트로니우스 총독은 율리아의 아버지거든요."

마르코스 요안네스

 부친이 거래하던 상인들을 만나 인사를 하고 또 남아 있는 지점과 대리점들의 실태를 파악하느라고 바쁜 가운데서도 마르코스는 늘 안티오키아 쪽에서 들려오는 소식에 신경을 곤두세우고 있었다. 율리아라는 여자는 그저 자신을 감시하던 보안대의 요원일 뿐인데 자꾸만 마음이 쓰였던 것이다.
 "총독의 딸이라니."
 율리아보다 나이가 위인 듯한 젊은이들이 평소에 그녀를 상관처럼 대하여 이상하다고 여겼는데 역시 그랬던 것이다.
 "내가 위험인물로 지목되어 있습니까?"
 그의 물음에 유대라는 나라 자체가 위험한 나라라고 대답하던 그녀의 환한 미소가 떠올랐다. 성전 앞에 이르렀을 때 그는 사방을 둘러보았다. 어떻게 된 셈인지 늘 그 주위에 보이던 로마 군인들이 보이지 않았다.
 "하누카 때문인가?"
 바로 내일이 하누카였다. 유월절과 칠칠절과 초막절이 유대

173

인의 3대 절기라면 부림절과 수전절은 그 다음 가는 민족적 기념일이었다. 부림절은 왕비 에스더의 용기로 페르시아 왕의 유대인 박멸 칙령을 철회시킨 날이고 수전절, 즉 하누카는 안티오쿠스 4세가 더럽힌 성전을 유다 마카비가 되찾아 정화한 날이었다. 하누카 축제를 위해 봉쇄를 풀었을 수도 있었다. 그때였다.

"먼저 왔구나, 마르코스."

아폴로스가 그의 어깨를 잡았다. 게메로스는 이미 두 달 전에 파포스로 떠났고 예루살렘에는 마르코스와 아폴로스만 남아 있었다. 그들의 아버지, 이드란과 요아스가 17세 되던 해의 하누카 절기 때 성전에서 만났던 것을 기념하여 그들도 성전 앞에서 만나기로 했던 것이다.

"그런데, 로마 군인들이 왜 안 보이지?"

출입이 통제되어 있던 성전 뜰에 사람들이 모여들고 있었다.

"아직 소식 못 들었어?"

아폴로스가 뭔가 알고 있다는 듯이 말했다.

"무슨 소식?"

"칼리굴라가 죽었대."

"뭐라구?"

"로마에서 반란이 일어난 거야."

"그걸 어디서 들었어?"

"로마에서 출항한 배가 어제 밤 카이사랴 항에 들어왔거든."

그들이 가지고 온 소식이 예루살렘까지 들어온 것이었다. 어제까지 마르코스가 부친의 지점과 대리점들을 찾아다닐 때에도 그 소식을 듣지 못했는데 로마에서 온 배가 밤에 도착한 모양이었다.

"확실한 거야?"

"황궁의 극장에서 공연을 관람하던 칼리굴라가 극장을 나와 비밀 통로에 들어섰을 때 시위대장 케레아 카시우스가 그를 먼저 찔렀고 아퀼라가 마지막 일격을 가했다는군. 율리우스 루푸스는 왕비 케소니아와 그 딸을 처치했고."

"신이 되고 싶어 하더니 결국 죽고 말았군."

"그날 공연된 연극에도 불길한 장면이 있었대."

"어떤 것이었는데?"

"강도단 두목이 붙잡혀서 십자가에 달리는 내용이 있었다는 거야."

나사렛 예수의 제자들에게 십자가는 구원의 상징이었으나 폭군에게는 그것이 죽음의 징조가 되었던 것이다.

"사전에 원로원이나 군부와 합의가 있었나?"

정권 교체를 위해서는 원로원과 군부의 합의가 있어야 했다.

"군대장관 클레멘트가 은밀하게 거사를 지지했고 군단장 코넬리우스 사비누스와 율리우스 루푸스 등이 가담해서 거사가 가능했다는 거야."

칼리굴라가 살해당했다면 그가 자살 명령을 내렸던 페트로니우스 총독은 어찌 되었는지 그것이 궁금했다. 그러나 아폴로스는 로마에서 나온 정보만 들었을 것이기 때문에 안티오키아의 소식은 모를 것이었다.

"칼리굴라가 죽었다면 후계자는 어떻게 될까?"

"아직 그 소식은 없어. 일단 칼리굴라를 살해하는 데는 성공했으나 누구를 황제로 추대할 것인지는 그리 간단한 문제가 아닌 것 같아. 더군다나 켈트 군단의 대응이 어떨지도 아직 모르고."

켈트 군단은 칼리굴라의 부친 게르마니쿠스가 지휘하던 게르만 전사들의 부대였다. 그들은 아직도 죽은 게르마니쿠스를 수호자로 떠받들고 있었다.

"그러나 세상은 좀 달라지겠지. 거사 당일의 암호처럼."
"암호가 뭐였는데?"
"리베르타스."
그것은 자유라는 뜻이었다.
"칼을 쓰기는 했지만⋯⋯ 어쨌든 자유를 쟁취했으니까."

성전 마당에는 벌써 많은 사람들이 모여 있었다. 그들은 서로 껴안거나 손을 잡고 뛰면서 소리를 지르고 있었다.

"칼리굴라가 죽었다."
"하나님께서 유피테르의 아우를 처단하셨다."
"여호와는 만왕의 왕이시로다."

그들의 조상이 하나님을 버리고 만들어진 신에 미혹될 때마다 이방의 군대가 이스라엘을 유린했다. 백성들의 고초와 호소가 커지면 백성들 가운데서 일어난 인물이 사사가 되어 그들을 적의 손에서 해방시켰다. 이스라엘 왕국이 세워진 후에는 문제가 생길 때마다 선지자들이 일어나 경고를 했고 그것을 무시했던 이스라엘은 결국 분단되었다가 멸망하고 말았다.

"자유란 무엇인가?"
유대인들의 질문에 나사렛의 예수는 대답했다.

"진리가 너희를 자유케 하리라."

25
마르코스 요안네스

　아마두스와 가도라와 아빌라 그리고 헤롯 안디바가 세례자 요한의 목을 잘랐던 마케루스 등 베뢰아 지역의 대리점들을 다 돌아본 다음 마르코스는 나사렛의 예수가 요한의 세례를 받았던 벧아바라에서 요단강을 건넜다.
　"아버지, 대단한 장사꾼이었네요."
　이미 세상을 떠난 지 오래 되었어도 이드란의 이름은 모든 지역에 살아 있었다. 남겨 놓은 재물은 없더라도 그 이름의 가치는 숫자로 나타낼 수 없도록 컸다. 모든 대리점들이 이드란의 아들이라는 것만으로 마르코스의 신용을 인정해 주었다. 아직 장사를 시작하기도 전에 그는 벌써 장사꾼으로 성장하고 있었다.
　"이제 여리고만 남았군."
　바다가 연결해 주는 교역은 알렉산드리아와 욥바 그리고 페니키아의 두로와 수리아의 셀류기아 또 아가야의 고린도 등 항구들을 중심으로 이루어지나 동쪽 내륙의 상업 중심지는 역시 여리고였다.

"아스다롯의 성……"

가나안 사람들이 사랑의 여신 아스다롯을 만들어낸 것은 자유 연애를 퍼뜨려서 장사가 잘 되게 하기 위해서였다. 그래서 아스다롯은 두로 항구의 수호신이 되었고 여리고 역시 아스다롯을 수호신으로 섬기고 있었다. 아스다롯의 성답게 여리고의 거리에는 짙은 화장의 여인들이 넘쳐나고 있었다.

"이드란과 클로리스"

번화한 거리에서 그 간판을 보고 마르코스는 깜짝 놀랐다. 부친과 거래하던 대리점이 아직도 그 때의 이름을 쓰고 있었던 것이다.

"저…… 클로리스님을 만나려고 왔는데요."

점원이 그의 행색을 살피며 물었다.

"어디서 오신 누구시죠?"

"이 상점과 거래를 하던 이드란의 아들 마르코스입니다."

그러자 상점의 안쪽으로부터 한 여인이 빠른 걸음으로 다가오며 소리쳤다.

"이드란의 아들이 왔다고?"

역시 눈 화장이 짙고 화려한 옷에 각종 보석을 물린 장신구들로 치장을 하고 있었으나 나이는 마르코스의 모친과 비슷해 보였다.

"제가 마르코스입니다."

여인이 그의 손을 잡으며 말했다.

"아버지를 많이 닮았구나."

"상점 이름에 아버지 이름을 그대로 두셨네요."

"그럼, 우리는 영원한 동업자니까."

우리라는 말에 다소 긴장하면서 그가 물었다.

"깊은 관계였습니까?"

여인이 큰 장사를 하는 사람답게 껄껄 웃었다.

"어머니한테 가서 이르려고? 내가 자네 부친을 꽤 좋아하기는 했지만 그분이 영 숙맥이어서 아무것도 저지르지를 못했어."

아버지가 유능한 상인이었어도 역시 그 방면에서는 레위 지파 출신의 한계를 벗어나지 못했던 것 같았다. 한 바탕 큰 소리를 내며 웃던 그녀는 마르코스를 바라보더니 다시 물었다.

"아버지 장사를 다시 해보겠다고?"

"네, 그럴 생각입니다."

그녀는 고개를 끄덕였다.

"각 지역의 폭동도 꽤 진정되었으니 시기가 괜찮을 것 같군."

카이우스 황제, 즉 칼리굴라가 죽은지도 벌써 한 달이 넘어가고 있었다. 누가 그 자리를 이었는지는 아직 모르나 각 지역에서 일어난 유대인들의 폭동은 더 이상 지속될 의미가 없어 잦아들고 있었다.

"아버지 때처럼 거래를 해 주시겠습니까?"

"그럼. 이젠 자네가 아버지 대신 나와 동업자가 되는 거야."

"알겠습니다."

역시 부친의 신용 때문에 클로리스 상점과의 재계약도 아무런 문제가 없었다. 클로리스 점주는 새로운 동업자인 마르코스에게 분에 넘치는 대접을 해 주었고 여리고에서 가장 좋은 객관에 들게 해 주었다.

"감사합니다."

"내 이름 알지? 혹시 여자가 필요하면 말해."

클로리스는 꽃을 피우는 여신의 이름이었던 것이다.

"아뇨, 아닙니다."

그녀는 또 크게 웃으며 놀려댔다.

"아버지를 닮아 자네도 그럴 줄 알았어. 그럼 푹 쉬게나."

클로리스가 돌아간 후 잠자리에 들려던 마르코스는 밖이 좀 소란스러운 것 같아서 창문을 열고 내다보았다. 많은 사람들이 모인 거리에서 한 사내가 큰 소리로 외치고 있었다.

"여러분, 저를 기억하십니까? 10년 전에 여리고 성문 앞에서 구걸하고 있던 소경 거지 바디매오입니다."

"바디매오……?"

마르코스도 그를 알고 있었다. 나사렛의 예수가 겟세마네에서 마지막 기도를 드릴 때에 열 두 제자 외에도 마르코스처럼 그곳까지 따라간 여러 명이 함께 있었는데 바디매오도 그들 중의 하나였다.

"그분이 지나간다는 말을 듣고 제가 큰 소리로 외쳤습니다. 다윗의 자손 예수여, 나를 불쌍히 여기소서! 많은 사람들이 저를 꾸짖으며 조용하라고 했으나 저는 더욱 크게 소리를 질렀습니다. 다윗의 자손이여, 나를 불쌍히 여기소서!"

마르코스는 옷을 걸치고 객관 밖으로 나섰다. 그리고 사람들 틈에서 그를 바라보았다. 모여든 사람들 중 하나가 그를 기억하며 말했다.

"맞아, 나도 거기 있었어."

"그 때 예수께서 저를 부르셨습니다. 제가 남루한 겉옷을 벗어던지고 달려나가자 그분이 물으셨습니다. 무엇을 원하느냐고. 제가 즉시 대답했지요. 선생님이여, 보기를 원하나이다. 그러자 그분이 말씀하셨습니다. 가라, 네 믿음이 너를 구원하였느니라. 그러자 제가 이렇게 보게 되었습니다."

"그래서 어떻게 되었소?"

그가 대답했다.

"그분을 따라가서 그분의 제자가 되었지요."

"나사렛 예수는 죽었다며?"

"아닙니다. 그분은 살아나셨습니다. 십자가에 달려 숨진 유월절 저녁에 아리마대 요셉의 무덤에 장사되었으나 안식 후 첫 날 새벽에 살아나셨고, 그 제자들과 만나셨으며 40일 만에 감람산에서 하늘로 올리우셨습니다."

"당신도 그를 만났소?"

"물론입니다. 감람산에서 500명이 모여 그 광경을 함께 보았습니다."

"하나님의 나라가 언제 임한다고 합디까?"

"천국의 복음이 모든 민족에게 증거되기 위해서 온 세상에 전파될 때에 끝이 온다고 하셨습니다. 회개하여 주 예수를 믿고 세례를 받아 죄 사함을 얻으면 하나님의 자녀로 회복되어 그분의 나라에 들어가게 될 것입니다."

거기까지 말하다가 바디매오는 사람들 속에서 마르코스를 발견하고 달려와 그를 덥썩 껴안았다. 그리고 사람들에게 그를 소개했다.

"여러분, 이 사람이 예수께서 마지막 저녁을 드셨던 그 집의 아들입니다. 그날 밤 주님께서 겟세마네로 가실 때에도 함께 따라갔고 거기서 마지막 기도를 드릴 때에도 함께 있었지요. 그분이 살아나셔서 하늘로 올리우신 후에 또 모든 제자들이 이 사람의 집 다락방에서 기도하다가 열흘만에 성령을 받았습니다."

그러자 사람들이 마르코스에게 달려들며 물었다.

"당신이 정말 그분을 만났습니까?"

"네? 아…… 그렇습니다."

"당신의 이름은 무엇입니까?"

"마르코스…… 마르코스 요안네스입니다."

마르코스 요안네스

　마르코스는 그날 밤 바디매오에게 이끌려 요단강으로 다시 내려갔다. 바디매오에게 세례를 받으려는 사람들이 매우 많았으므로 그는 요단강 가운데 서서 계속 세례를 베풀었고 마르코스는 그를 도와야 했다. 물속으로 들어오는 사람들 중 하나가 발을 잘못 디뎌 쓰러지자 그를 잡으려던 마르코스도 함께 물 속에 빠졌다. 그때 바디매오가 그의 머리를 잡으며 외쳤다.
　"성부와 성자와 성령의 이름으로 네게 세례를 주노라."
　마르코스는 아직 세례를 받은 적이 없었다. 바디매오가 넘어진 사람으로 잘못 알고 그의 머리를 잡고 외쳤으나 좀 기이한 느낌이었다. 뭔가 이상한 기운이 그의 몸을 잡아 흔들며 지나간 것 같았다.
　"난, 나는······"
　아직 세례받을 준비가 되어 있지 않다고 말하려 했으나 사람들이 몰려들고 있어서 그럴 틈이 없었다. 어떤 사람들은 세례를 받자마자 감격하여 자갈밭에 뒹굴기도 하고 이상한 발음으로 방언을 말하는 사람도 있었다. 사람들에게 세례를 베풀면서도 그는 쉴 새 없이 설명을 했다.

"세례는 회개를 위해서, 그리고 죄 사함을 얻으려고 받는 것입니다. 세례를 받은 분은 계속해서 기도하십시오. 하나님의 자녀로 회복되면 그분께서 약속하신 성령을 선물로 받게 될 것입니다."

요단강으로 따라나온 모든 사람들에게 세례를 베푸느라고 많은 시간이 걸렸다. 세례를 받은 사람들이 모두 강변에서 기도하고 있을 때 물 속에서 걸어나온 바디매오는 아직 미명인데도 바람 같이 그곳을 떠났다.

"이제 어디로 갈 건데요?"

"베다니로 가야지. 예루살렘이 어떻게 되었는지 궁금하기도 하고."

문득 그와 동행하고 싶은 생각이 들었다.

"그럼, 함께 갈까요?"

"아니면 따로 가려고 했었나?"

여리고에서 예루살렘으로 올라가는 길도 욥바나 엠마오에서 올라갈 때와 마찬가지로 말이나 나귀 같은 짐승을 타지 않으면 힘든 길이었다. 그래서 많은 사람들이 밤길을 이용하고 있었다. 거칠고 가파른 길이 눈에 보이지 않으므로 차라리 덜 힘들기 때문이었다.

"밤인데도 잘 걸으시네요."

달빛도 없는데 휘적휘적 잘 걷고 있는 그에게 말했다.

"그럴 수밖에."

"네?"

"나서부터 주님을 만날 때까지 난 소경이었어."

"아, 그랬지요."

오랫동안 어둠 속에서 살아온 그에게는 낮보다 밤이 오히려 더 익숙할 수도 있었다. 마르코스가 그런 생각을 하며 따라 걷고 있을 때 그것을 어떻게 알아챘는지 그가 다시 말했다.

"마르코스, 그래도 어둠보다는 밝음이 좋은 거야."

어둠에서 벗어나고 싶었기 때문에 그는 나사렛의 예수가 지나간다는 말을 듣고 그토록 있는 힘을 다해 다윗의 자손을 불렀을 것이었다.

"저…… 실은,"

마르코스는 아까부터 하고 싶었던 말이 있었다.

"왜?"

"제가 오늘 바디매오님에게서 세례를 받았거든요."

그가 잠시 걸음을 멈추더니 다시 걷기를 시작하며 물었다.

"무슨 말이야?"

"아까 요단강에서……"

"왜?"

"어떤 사람이 세례를 받으려고 강에 들어서다가 발을 헛디뎌 넘어지는 바람에 그를 부축하려던 저도 함께 물에 함께 빠졌거든요. 그런데 바디매오님이 제 머리를 잡으며 네게 세례를 주노라, 하시더라구요."

그 말을 듣고 바디매오가 크게 웃었다.

"눈은 떴지만 아직도 멀었군."

"네?"
"세례 받을 사람의 머리통도 구분을 못하니."
마르코스도 따라 웃었다.
"제 머리통이 좋아보였던 모양이죠."
함께 웃으며 좀더 걷다가 그가 어둠 속에서 다시 물었다.
"전에 요한의 세례나 주님의 세례를 받지 않았나?"
"그럴 기회가 없었지요."
"저런……"
"아까처럼 그렇게 대충 끼어서 받는 세례도 효과가 있을까요?"
"알아서 하게나. 하나님은 중심을 보시니까."
 본인이 받은 것으로 믿고 나사렛 예수의 가르침대로 행하면 하나님이 인정하시리라는 뜻이었다. 마르코스는 고개를 갸웃거렸다. 그가 자신의 머리를 잡고 외칠 때에는 뭔가 이상한 기운이 그를 흔드는 것 같았으나 몸을 떨거나 방언을 말하지도 않았고 특별한 은사를 받은 것 같지도 않았다.
"성령은 어떻게 받는 것입니까?"
 그는 돈을 내고 성령을 받으려 했다던 마술사 시몬을 생각하며 물었다.
"사모하는 자에게 주시는 거야. 주님께서도 그렇게 말씀하셨지. 구하면 주시고, 찾으면 찾게 하시고, 두드리는 자에게는 열어 주실 것이라고."

마르코스 요안네스

날이 밝으면서 황량한 언덕과 능선들이 그 모습을 드러내고 있었다. 메마른 흙과 모래를 비집고 나오다가 지쳐서 늘어진 풀들이 여기 저기 보였다. 골짜기 사이마다 이따금씩 보이는 양들은 벌써 식욕을 잃었는지 풀을 뜯으려 하지도 않으며 모래 언덕에 걸린 아침 햇살을 바라보고 있었다.

"하나님은 모세에게 내가 이스라엘 백성을 애굽인의 손에서 건져내어 젖과 꿀이 흐르는 땅으로 인도할 것이라고 했는데……."

출애굽기를 인용한 마르코스에게 바디매오가 대꾸했다.

"그러나 신명기에는 말이지,"

토라의 다섯 번째 책인 신명기는 이스라엘 백성이 요단강을 건너기 전에 모세가 당부한 내용을 적어 놓은 것이었다.

"너희가 건너가서 차지할 땅은 산과 골짜기가 있어서 하늘에서 내리는 비를 흡수하는 땅이요, 네 하나님 여호와께서 돌보아 주시는 땅이라. 세초부터 세말까지 네 하나님 여호와의 눈이 항상 그 위에 있느니라⋯⋯고 되어 있지."

비를 흡수하는 땅이란 빗물을 모아둘 수 없음을 말하는 것이었다. 비가 내릴 때에는 넘쳐흐르던 강이나 시내가 비가 그치면 모두 스며들어 사라지고 마른 흔적과 골짜기만 남는 것이 그 땅의 특징이었다.

"그런 곳을 왜 젖과 꿀이 흐르는 땅이라고 했을까요?"
"하나님의 눈이 항상 그 위에 있느니라."
"뭐라구요?"
"하나님이 늘 보살피고 돌보아 주셔야 살 수 있는 땅이라는 뜻이야."
"그러면 사람은 뭘 하는데요?"
"신명기의 그 다음 구절에 그 답이 있거든. 내가 너희에게 전하는 말씀을 따르며 마음을 다하고 뜻을 다해 네 하나님을 사랑하고 그를 섬기면 하나님께서 너희의 땅에 이른 비와 늦은 비를 적당한 때에 내리시리니"

그 다음은 마르코스도 알고 있었다.

"너희가 곡식과 포도주와 기름을 얻을 것이요, 또 가축을 위하여 들에 풀이 나게 하시리니 네가 먹고 배부를 것이라."

바디매오가 고개를 끄덕였다.

"마치 광야에서 매일 먹을 만나를 내려주시듯 하나님이 항상 그 곳을 돌보시며 이른 비와 늦은 비를 적당한 때에 내려 주신다는 거야."

"사람이 할 일은 아무것도 없군요."

하나님이 처음부터 끝까지 보살펴 주고 그분이 때를 따라 내려 주는 비에만 의지하고 산다면 마르코스가 알렉산드리아에 가서 10년 동안 부지런히 공부한 것도 아무 소용이 없다는 뜻으로 들렸던 것이다.

"오히려 할 일이 너무 많아."

"많다니요?"

"하나님은 우리와 함께 일하기를 원하시거든."

"혼자만 하시는 것이 아니고?"

바디매오가 고개를 가로저으며 말했다.

"그것이 바로 사랑의 포도원이지."

"이사야서에 나오는?"

바디매오가 고개를 끄덕이자 마르코스는 그 부분을 입 속에서 외워 보았다.

  내가 나의 사랑하는 자를 위해 노래하되
  나의 사랑하는 자의 포도원을 노래하리라
  나의 사랑하는 자에게 포도원이 있음이여
  심히 기름진 산에로다

"그렇다면 농사짓는 사람만이 그 포도원에 들어갈 수 있다는 겁니까?"

"하나님은 사람에게 여러 가지 재능을 나눠 주셨지."

"그래서요?"

"사람마다 그 재능에 맞는 포도원을 준비해 주셨거든. 대장장이에게는 기구 만드는 대장간이 포도원이고 장사하는 사람에게는 시장이 그의 포도원이고 그림 그리는 자에게는 화폭이 그의 포도원이지."

"나의 사랑하는 자에게 포도원이 있음이여……"

"거기서 하나님과 사람이 함께 포도원을 가꾸는 거야."

"모두 농부가 되어?"

바디매오가 고개를 끄덕였다.

"그렇지. 하나님의 창조에 참여하는 농부."

마르코스는 적잖이 당황하고 있었다. 자신이 알렉산드리아에 가서 10년간 여러 석학들로부터 철학과 수학을 배우는 동안 여리고 성문 앞에서 구걸하던 바디매오는 성령을 따라다니며 창조의 포도원을 발견한 것이었다.

"그동안 공부를 많이 했군요."

바디매오가 빙그레 웃었다.

"공부라기보다는…… 지식의 근본을 발견한 셈이지."

"지식의 근본?"

그는 다시 잠언서를 인용했다.

"솔로몬이 그랬지. 하나님을 경외하는 것이 바로 지식의 근본이라고."

그와의 대화가 뜻밖에도 흥미로워서 마르코스는 별로 헐떡거리지 않으며 오르막 길을 걸었고, 양치기들의 천막에서 산 양젖과 떡으로 배를 채운 다음 해가 기울기 전에 베다니 마을에 도착할 수 있었다. 라사로의 집 앞은 여전히 사도들의 안수를 기다리는 병자들로 붐비고 있었다.

마르코스 요안네스

"아니, 당신은?"

라사로의 집으로 다가갔을 때 병자들 가운데 앉아 있다가 벌떡 일어서는 젊은이를 보고 마르코스가 눈을 크게 떴다.

"크라투스 필롤로구스, 당신도 병을 고치러 왔습니까?"

그는 전에 입고 있던 짧은 투니카 대신 유대인처럼 긴 베게드를 걸치고 있었던 것이다. 그가 멋쩍게 웃으며 대답했다.

"야뇨, 마르코스. 당신을 기다리고 있었습니다."

"나를?"

"베뢰아 쪽으로 내려가셨다길래 이리로 오실 것을 알았지요."

"이번엔 또 무슨 일입니까?"

"율리아 아가씨의 안부를 전하러 왔습니다."

"안부를?"

위험 인물 마르코스를 감시하던 보안대 요원 율리아가 감시당하던 그에게 안부를 전하라고 했다니 뜻밖의 예의였다.

"부친의 일로 걱정을 하실 것 같다고요."

율리아는 자신의 부친 페트로니우스 총독이 자살 명령을 받은 것에 대해 마르코스가 걱정할 것 같다고 했다는 것이었다. 만약 마르코스의 모친이 병들었다면 그녀가 걱정할 것이라는 것과 똑같은 의미였다. 그것은 이미 그들 사이의 관계가 감시자와 감시당하는 자의 관계를 넘어 있다는 뜻이었다.

"총독은 어떻게 되었습니까?"

"카이우스 황제가 살해되어 무사히 넘어갔습니다."

마르코스에게는 궁금한 것이 더 있었다.

"로마의 상황은요?"

"아, 후임 황제에 대한 질문이로군요. 원로원이 후계자 문제로 토의를 거듭하고 있는 동안 게르만 병사들이 숨어 있던 아피우스 클라우디우스 각하를 찾아내어 새 황제로 추대했습니다. 지난 파렌탈 축제 때 즉위식을 거행했지요."

클라우디우스는 몸과 지능에 모두 장애가 있었으나 칼리굴라의 숙부였기 때문에 한 때 집정관이 되기도 했던 사람이었다.

"좀 의외로군요."

"케레아 카시우스를 비롯한 반란의 주동자들이 공화제를 부활시키려고 하자 게르마니쿠스 장군을 흠모하던 켈트 군단의 게르만 병사들이 일어나 그를 새 황제로 옹립했지요."

게르만 병사들을 주축으로 구성된 켈트 군단은 칼리굴라의 부친이며 클라우디우스의 형인 게르마니쿠스 장군이 창설한 부대였다.

"그러면 반란의 주동자들은?"

"칼리굴라를 살해한 케레아 카시우스와 율리우스 루푸스 등

주동자들은 오히려 황제 살해범으로 몰려 처형을 당했습니다."
"코넬리우스 사비누스 장군도?"
그도 역시 군부의 존경을 받던 지휘관이었던 것이다.
"클라우디우스 황제는 사비누스 장군을 석방했을 뿐 아니라 그를 승진시켜 군대장관으로 임명했지요. 그러나 사비누스 장군은 반란을 공모했던 동지들에 대한 신의를 지키겠다며 자결했습니다."
"헤롯 아그립바 왕은 어떻게 되었나요?"
"클라우디우스 황제가 즉위하는 데 그의 공이 컸지요."
그는 본래 정치적 변신에 능한 자였다.
"어떻게요?"
"그는 군부의 추대를 사양하던 클라우디우스 각하에게 제국의 평화를 위해 그것을 받아들이라고 권하는 한편 원로원을 설득하여 그들의 동의를 얻어냈거든요. 클라우디우스 황제는 즉위한 후에 그를 유대 왕으로 추인했을 뿐만 아니라 아빌라와 리바누스 산지까지 하사했답니다."
"그는 칼리굴라와도 가까웠는데……"
"아그립바의 변심을 염려한 로마 군부는 그를 감시하기 위해 황제 직속의 이탈리아 부대를 카이사랴에 파견했습니다. 지금 카이사랴의 이탈리아 부대에는 자결한 사비누스 장군의 아들인 코넬리우스 백부장이 나와 있지요."
총독의 보안대 요원인 크라투스가 그런 이야기를 마르코스에게 다 들려주는 것은 그에 대한 율리아의 신뢰를 알고 있기 때문이었다.

"페트로니우스 총독은 어떻게 되었습니까?"

"아직 그대로 유임되어 있습니다만, 조만간 로마로 귀환하실 것 같습니다. 클라우디우스 황제의 특별한 신임을 받고 있으니까요."

"그럼, 율리아 아가씨도?"

"그건 아직 모릅니다. 다만 아가씨가 전해달라는 것이 또 하나 있었는데."

"뭐지요?"

"혹시 셀류기아와 안티오키아 지역의 판매망을 재건하실 의사가 있다면 도와 드릴 수 있다는 뜻을 전해달라고 했습니다."

"아……"

그 말이 다시 마르코스를 당황하게 만들었다. 도와줄 수 있다는 말은 율리아 그녀가 마르코스의 인생에 좀 더 다가서고 싶다는 뜻이기도 했고, 또 그녀의 부친 페트로니우스가 로마로 가더라도 자신은 안티오키아에 남아서 마르코스를 기다리겠다는 뜻으로도 해석될 수 있었던 것이다.

마르코스 요안네스

"이제 본격적으로 장사를 시작하는 거냐?"

아들의 여벌옷을 챙겨 주며 어머니가 물었다.

"지금으로서는 아버지의 뜻을 따르는 것이 최선일 것 같아서요."

대리점들의 주문서를 점검하며 마르코스가 대답했다. 장사하는 사람에게는 시장이 바로 포도원이라고 했던 바디매오의 말을 그는 생각하고 있었다.

"유대 쪽의 대리점들은 다 정비가 되었다고?"

모친은 아들이 하는 일을 방관하고 있는 것 같았으나 어떤 일을 하고 있는지 늘 주시하고 있었던 것이다.

"네, 계약 갱신을 모두 끝냈습니다. 새 거래를 위한 주문서도 받았구요."

새 황제 클라우디우스가 즉위한 지도 벌써 한 해가 지났다. 부친의 판매망을 재정비하는 데 그만큼의 시간이 걸렸던 것이다.

"사마리아 지역은?"

모친의 기대는 벌써 유대를 벗어나고 있었다.

"사전 작업은 이미 해 놓았구요, 알렉산드리아에서 돌아오면 그쪽 지역도 주문량을 확정하고 곧 거래를 시작하게 될 겁니다."

마치 독수리처럼 모친의 말은 다시 한 단계를 더 날아올랐다.

"수리아 쪽은 아직 손을 못 댔지?"

"이제부터 시작해야죠."

안티오키아에 가 있는 율리아에게서 수리아 지역의 판매망을 정비할 계획이 있다면 도와주겠다는 제안이 있었으나 거기까지 손을 뻗을 여유가 아직 없었다. 선주들과의 협의가 일단락되면 그쪽으로도 눈을 돌릴 생각이었다.

"이번 여정도 꽤 걸리겠구나."

"우선 욥바 항에 가서 선주들을 만나 주문받은 물목의 선적과 수송을 협의하고 알렉산드리아로 가서 물량을 확보해야 하니까요."

그의 예측으로는 앞으로 유대 지역에서 발생할 수 있는 가장 큰 수요는 역시 곡물이었다. 모세가 신명기에 적어 놓은 대로 하나님이 이스라엘 백성에게 주신 땅은 비를 흡수하는 땅이고 오직 하나님을 의지하지 않으면 농사를 지을 수 없는 땅이었다. 그런 땅에 이미 곡물의 부족 현상이 나타나기 시작했으나 그 물량을 공급할 수 있는 지역은 역시 애굽 뿐이었다.

"알렉산드리아도 이젠 안정이 되어가는 모양이더구나."

모친은 이미 그쪽의 정황까지 파악하고 있었다. 로마의 새 황제 클라우디우스는 알렉산드리아 총독에게 칙령을 내려 유대인의 고유한 신앙에 간섭하지 말 것과 그 곳에 먼저 들어와 정착하여 지역 발전에 기여한 바 있는 기득권을 인정하고 침해하지 말 것을 지시했던 것이다.

"한동안 큰 소동은 없을 것 같습니다."

"그러나 어미는 한동안 너를 보기 어렵겠지?"

"알렉산드리아에서 돌아오면 카이사랴의 선주들을 만나고 세바스테를 돌아서 올 테니까 아무래도 몇 달은 걸리겠네요."

어머니는 아들의 모습을 대견한 듯 바라보았다. 활달하고 듬직했던 남편 이드란을 보낼 때처럼 떠나는 사람보다 보내는 쪽이 더 설레고 있었다.

"가는 곳마다 칼을 조심해라, 아버지처럼 당하지 말고."

아버지의 일을 들어 농담을 할 수 있을 정도로 어머니는 여장부였다. 마르코스도 어머니의 그런 당부를 농담으로 받았다.

"그리고 가위도 조심할게요."

모자가 함께 의미 있는 미소를 나누고 있을 때 로데가 들어왔다. 마르코스가 그녀의 터질듯한 볼과 몸매를 바라보며 말했다.

"로데가 벌써 열 아홉이 되었군요."

"그 아이 뿐이냐, 너도 이젠 스물 아홉이야. 로데도 짝을 찾아야 하고 너도 장가를 들어야 하는데 당사자들이 태평이니 어쩌면 좋으냐?"

아브라함이 사람을 보내 이삭의 신부감을 데려오듯 부모가 자식의 배우자를 골라 맞아들이는 경우도 있으나 유대인의 혼인은 대개 당사자가 먼저 짝이 될 상대를 찾아 놓고 부모에게 말씀을 드리는 것이 관례였다. 어머니와 함께 살면서 덩달아 농담에 익숙해진 로데가 엉뚱한 소리를 했다.

"하나도 걱정하실 일이 아니네요."

"무슨 말이야?"

"그냥 저를 며느리로 삼으시면 한꺼번에 다 해결되는데."

"아니, 너……"

깜짝 놀랐던 모친이 그제서야 그 말이 로데의 당돌한 우스갯소리임을 깨달으며 아들의 얼굴을 힐끗 살폈다. 어이가 없어 거의 굳어져버린 아들의 표정을 보며 한참 웃던 모친은 볼이 살짝 붉어진 로데에게 물었다.

"포부가 대단한 아가씨, 그런데 왜 들어온 거야?"

그제서야 로데가 제 용무를 말했다.

"아…… 아폴로스님이 오셨어요."

모친이 고개를 끄덕이며 아들을 바라보았다.

"욥바까지 같이 가기로 했다며?"

"네. 아폴로스는 욥바에서 배를 타고 아테네로 가거든요."

마르코스가 짐을 챙겨들고 나서자 마당에 들어와 있던 아폴로스는 문 밖에 서 있는 젊은이를 불러들였다.

"아레스, 들어와서 인사 드려라."

민첩해 보이는 한 젊은이가 안으로 들어서며 먼저 마르코스의 모친에게 고개를 숙였다. 아폴로스가 그를 소개했다.

"제 조카 아레스에요. 아레스의 할아버지와 제 아버지가 사촌간이니까 정확하게 말하자면 재종질이지요."

"아…… 마르코스를 돕기로 했다던?"

모친이 아폴로스에게 물었다. 사실 아버지가 하던 일을 다시 시작하려면 도와 줄 사람들이 여럿 필요했으나 우선 아폴로스의 조카 아레스가 장사 일을 배우고 싶어하여 그의 도움을 받기로 했던 것이다.

"네, 제가 아레스입니다."

"영리하게 생겼군. 잘 부탁해."

"열심히 하겠습니다."

모친 마리아는 다시 아폴로스를 바라보았다.

"넌 아테네로 간다며?"

"네."

"공부를 10년이나 하고도 더 하려고 가는 거야?"

"일단 가서 그럴만한 필요가 있는지부터 살펴보려구요."

자주 베다니를 찾아가 게바의 집회 현장을 살펴보면서 공부를 계속하겠다던 그의 생각은 흔들리고 있었다. 어부 출신의 게바와 그의 동료들이 하는 일을 보고 학문의 효용에 회의가 생겼던 것이다.

"마르코스는 공부를 그만두고 아버지처럼 장사에 나서겠다고 하는데…… 그러다가 나중에 후회를 하게 될지도 모르겠구나."

"사람이 계획을 하더라도 응답은 하나님이 하시겠지요."

그것은 솔로몬의 잠언에 나오는 구절이었다. 그것이 비록 지혜로운 자로 인정된 솔로몬의 말이라 하더라도 평소에 하던 아폴로스의 표현대로라면 비논리적인 생각이었다. 사람은 자기 주관과 신념으로 판단하고 계획하고 그 결과에 대한 책임을 스스로 지는 것이 그가 말하는 논리적인 사고방식이었던 것이다.

"자, 그럼 출발해 볼까?"

문 밖에는 아레스가 준비해 놓은 말 세 필이 대기하고 있었다.

말안장에 짐을 묶고 나서 그는 모친을 껴안았다.

"다녀올께요."

"그래, 잘 하고 오너라."

그는 로데에게도 눈인사를 했다.

"로데, 어머니를 부탁해."

세 사람이 모두 말에 올랐을 때 모친이 생각난 듯 말했다.

"빨리 가면 게바님을 만날 수 있을 거야."

"네?"

"글로바와 함께 너보다 먼저 룻다로 떠나셨거든."

마르코스 요안네스

    성문을 벗어나 힌놈의 골짜기를 건너면서 마르코스는 고개를 돌려 다윗 성을 다시 한 번 바라보다가 아레스에게 물었다.
    "왜 이름을 아레스로 바꿨지?"
    그의 본래 이름은 아사헬이었다. 유대인의 이름에 아사헬이라는 이름이 여럿 있었으나 그 중에 가장 유명한 사람은 다윗의 조카이면서 그의 수하 장수 중 하나였던 아사헬이었다. 그는 매우 민첩하고 달리기에 능한 사람이어서 그의 발이 들노루보다 더 빨랐다는 말이 전해 내려올 정도였다.
    "아저씨가 바꿔 주었지요. 장사하는 데는 헬라식 이름이 편하다고."
    "아폴로스다운 생각이로군."
    아레스는 헬라 신화에 나오는 전쟁의 신이었다.
    "주인의 민첩한 경호원이 되라는 뜻이야."
    아폴로스가 자신의 의도를 말했다.
    "아사헬도 아레스도 모두 용감한 군인의 이름이니까."

"바람기만 조심하면 되겠군."

아레스는 사랑의 여신 아프로디테와 바람을 피우다가 둘 다 벌거벗은 채로 그녀의 남편 헤파이도스의 그물에 걸려 큰 망신을 당했던 것이다. 삼촌과 마르코스의 대화를 듣고 있던 아레스가 씨익 웃었다.

"걱정 마세요, 임자 있는 여자는 피할게요."

"가문의 내력이 바뀔 수 있으려나?"

그들은 모두 하늘을 바라보며 웃었다. 아폴로스와 그의 조카 아레스는 유다 지파 출신이었다. 그 가문의 대표적 인물인 다윗은 우리아의 아내 밧세바와 정을 통하여 나단 선지자로부터 호된 질책을 받았던 것이다.

"그래서 더 조심을 해야겠죠."

"아레스."

마르코스가 그의 새 이름을 불렀다.

"말씀하세요, 도미누스."

도미누스는 로마어로 주인이라는 뜻이었다.

"아폴로스는 네가 나의 민첩한 경호원이 되기를 바란다고 했는데, 얼마나 민첩한지 한번 시험해 봐도 될까?"

"명령만 내리세요."

"아까 내 어머니 말로는 게바님이 룻다로 가신다면서 우리보다 먼저 떠났다고 했는데 어디쯤 가고 계시는지 한번 알아볼 수 있을까?"

"알겠습니다, 도미누스."

말을 마치기도 전에 이미 아레스는 말의 배를 차며 질풍처럼 달려가고 있었다. 마르코스가 빙그레 웃으며 고개를 끄덕였다.
"달리는 말이 입에서 나오는 말보다 빠르군."
"녀석은 어렸을 때부터 그랬지. 제법 도움이 될 거야."
마르코스가 웃음을 거두며 중얼거렸다.
"좀 부담이 되는걸."
"왜?"
"내가 아레스를 잘 키워줄 정도로 큰 상인이 될 수 있을지."
"네 부친처럼만 하면 돼."
"내 아버지처럼?"
"어렸을 때 내 아버지와 네 부친이 나누는 이야기를 들었는데 그 때 네 부친이 장사의 포부를 말씀하셨어. 지난날 크레타 섬을 장악한 두로의 장사꾼들이 카르타고를 경영하고 다시스까지 진출했듯 모든 바다에 이드란의 상선이 떠 있게 하고 모든 나라에 이드란 상회의 깃발을 꽂겠다고."
부친이 15년 전에 살해당하지 않았다면 그렇게 되었을지도 몰랐다.
"내가 그렇게 할 수 있을까?"
아폴로스가 그를 격려했다.
"장사를 하겠다면 적어도 그 정도의 야망은 가져야지."
"알렉산더의 야망처럼?"
마르코스가 어깨를 추켜올리며 자신의 질문에 스스로 대답을 했다.
"그런데 우리는…… 내년이면 벌써 30세야."
알렉산더는 30세에 이미 지중해에서 박트리아에 이르는 대제국을 건설했다. 그리고 자신의 부하들에게 세계를 내 집으로 생각하라며 영웅다운 격려를 했다. 그러나 아폴로스는 고개를 저었다.

"나이가 중요한 것은 아니지. 30세에 홀로 나사렛을 떠난 예수는 3년 동안 일해서 겨우 12명의 제자만을 남겼어. 하지만 그들이 벌써 알렉산더의 교두보였던 안티오키아를 점령했고 이런 기세라면 곧 세계를 정복할지도 몰라."

역시 그는 학문과 현실 사이에 서 있었다.

"아마도……"

이번에는 마르코스가 그를 격려할만한 말을 생각해내려고 애썼다.

"학문이란 새로운 것을 만들어내기보다는"

아폴로스가 그를 바라보았다.

"무슨 말이야?"

"잃어버렸던 것을 찾아가는 과정일 수도 있어."

"찾아간다고?"

"하나님이 창조주라면 이미 그 안에 진리가 있었고, 사람이 그분과 같이 살았다면 만물이 운행되는 이치와 방법을 다 알고 있었을 거야. 그러나 사람은 하나님을 떠났기 때문에 그 지식을 다 잃어버렸지."

"학문의 역할이 다만 찾아내는 것뿐이라면 그 목적은 뭐야?"

"진리에 접근하는 길을 찾는 거지."

"길이라고?"

"하나님께로 돌아가는 길."

그 말을 듣고 아폴로스가 생각났다는 듯 말했다.

"나사렛의 예수는 그 자신이 곧 길이고, 진리이고, 생명이라고 했어."

그것은 마르코스도 처음 듣는 말이었다.

"누구에게서 전해 들었지?"

"그의 제자 요한이 그러더군. 그가 너의 집 다락방에서 제자들의 발을 씻어주며 그런 말을 했다는 거야. 그가 이미 길이고, 진리이고, 생명이라면 학문을 통해 길을 찾는다는 네 말은 의미가 없어지는 셈이지."

그날 밤 예수와 그의 제자들이 식사를 하기 전에 빌립이 대야를 들고 다락방을 드나들었고 마르코스도 그것을 보았다. 그 때 나사렛 예수가 중요한 말을 많이 했던 모양인데 예수의 바로 옆자리에 요한이 있었으므로 그가 스승의 말을 가장 많이 기억하고 있는 것 같았다.

"예수 없는 학문은 무의미하다?"

"그래서 내가 지금 갈피를 잡지 못하고 있는 거야."

"길…… 그가 곧 길이라고?"

그들이 아인가림을 지나 엠마오를 향해 내려가고 있을 때 반대쪽에서 흙먼지를 일으키며 올라오고 있는 말 한 필이 보였다.

"아레스가 벌써 올라오고 있군."

마르코스가 감탄을 했다.

"과연, 들노루보다 더 빠른 것 같아."

이번에는 아폴로스가 유클리드의 말투로 마무리를 했다.

"이렇게 확실히 증명하였다."

멀리서 달려오는 말을 발견한지 얼마 되지도 않았는데 아레스는 어느새 다가와 두 사람 앞에 당도하여 말의 목을 쓰다듬고 있었다.

"어떻게 되었나?"

"두 분은 지금 엠마오의 한 주막에 계십니다."

마르코스가 생각나는 것이 있어 물었다.

"주막 이름이 뭔지 봤어?"

"오이코스 트리온."

마르코스와 아폴로스는 서로 얼굴을 마주 보았다. 오이코스 트리온, 즉 셋의 집이라는 간판을 달아 놓은 그 주막은 그들이 욥바에서 올라올 때 들러 점심을 먹은 곳이었고, 부활한 예수가 두 명의 제자와 함께 저녁 식사를 했다는 바로 그 집이기도 했던 것이다.

마르코스 요안네스

이태 전에 왔던 곳이기 때문에 마르코스와 아폴로스는 주막집 오이코스 트리온을 쉽게 찾을 수 있었다. 달라진 것이 있다면 그때보다 마당이 더 넓어졌고 감람나무 아래 놓여 있던 세 개의 식탁이 여덟 개로 늘어났는데 그 식탁들마다 손님들이 벌써 들어차 있다는 점이었다.

"장사가 더 잘 되고 있는 모양이군."

그들이 두리번거릴 때 아레스가 감람나무 아래를 가리켰다.

"게바님은 저쪽에 계십니다."

그들이 이태 전에 점심을 들었던 바로 그 식탁에 게바와 또 한 사람이 앉아 있었고, 다른 몇 사람이 그 주위에 둘러서 있었다. 그 식탁에 두 사람이 더 앉을만한 자리가 비어 있어 마르코스와 아폴로스는 그 쪽으로 다가갔다. 아레스는 다른 손님들 틈새에 끼어 앉는 수밖에 없었다.

"아, 마르코스. 어쩐 일이냐?"

게바가 권하는 자리에 앉으며 마르코스가 친구 아폴로스를 소개했다.

"알렉산드리아에서 같이 공부한 아폴로스예요."

게바가 그를 알아보았다.

"베다니에서 몇 번 본 적이 있군요."

"말씀을 낮추세요, 전 마르코스와 동갑이거든요."

게바가 고개를 끄덕이더니 마르코스를 바라보며 물었다.

"글로바를 알고 있나?"

모친에게서 그 이름을 듣기는 했으나 마르코스는 그의 얼굴을 보고서야 전에도 본 적이 있음을 깨달았다. 나사렛의 예수가 겟세마네에서 마지막 기도를 드리고 있는 동안 잠들어 있던 제자들 중에 그도 있었던 것이다.

"기억이 납니다. 그날 밤, 감람산에서……"

글로바도 고개를 끄덕였다.

"그 때 나도 겉옷만 두르고 있던 자네를 보았지."

마르코스는 그에게도 아폴로스를 소개했다. 그리고 다른 사람들 틈에 끼어 앉아 있던 아레스도 불러서 게바와 글로바에게 인사를 시켰다.

"아레스는 아폴로스의 조카이고 저를 도와주기로 했습니다. 아버지가 하던 일을 제가 물려받아 해보려구요. 실은 이번에 욥바의 선주를 만나러 가는 길이고, 아폴로스는 욥바에서 아테네로 가는 배를 타게 되어 있기 때문에 동행하다가 두 분이 여기 계신 것을 알게 되었지요."

"내가 여기 있는 것을 어떻게 알았지?"

마르코스가 아레스를 끌어당겨 자신과 아폴로스 사이에 끼어 앉게 했다.

"이 사람이 알아냈지요. 본래 이름이 아사헬이거든요."

"들노루보다 빠른 사람?"

"네. 오늘 시험을 한번 해 봤는데 제법이었습니다. 그런데, 사도께서는 룻다로 가신다구요?"

"음, 거기 착한 일을 하는 사람이 있다고 해서."

"혹시…… 애네아스를 말하시는 건가요?"

"그에 관한 소문을 들었어?"

"이태 전, 알렉산드리아에서 돌아오던 날 욥바에서 예루살렘으로 올라가다가 룻다에 있는 애네아스의 집에서 신세를 진 일이 있습니다. 집 주인이 중풍병으로 오랫동안 고생하고 있다는 말도 들었구요. 중풍으로 쓰러진 것이 그 때 이미 6년 되었다고 했으니 이제는 8년이 되었을 겁니다."

게바가 고개를 끄덕였다.

"그를 만나기 위해 가는 길이야."

"사도께서 기도를 해 주시면 그에게 정말 큰 위로가 될 것 같습니다."

마크로스가 다시 글로바를 바라보았다.

"제 어머니에게서 글로바님에 관한 이야기를 좀 들었습니다만 부활하신 그분과 이곳에서 식사를 하셨다구요?"

"그랬지."

"이 집 주인의 말로는 그 때 세 분이 오셨다고 하던데."

"욥바의 시몬과 함께 왔었거든."

"혹시…… 갖바치 시몬?"

마르코스가 그렇게 반문하자 게바가 물었다.

"갓바치 시몬을 어떻게 알지?"

그는 어부였던 자신의 본명 시몬과 구별하여 갓바치 시몬이라고 했다.

"이태 전 욥바의 시장 거리에서 본 적이 있거든요. 그분도 역시 부활하신 주님을 직접 만났다고 사람들에게 증언하더군요."

글로바가 고개를 끄덕였다.

"그날 시몬과 함께 예루살렘을 떠나 이곳 엠마오로 내려오면서 주님이 당하신 일에 대해 이야기하고 있을 때 누군가 다가오며 우리에게 물었어."

"뭐라고 묻던가요?"

"당신들이 주고받는 이야기가 무엇이냐고."

"그분이 누군지 알아보았나요?"

글로바가 고개를 저었다.

"설마 그분이 주님이시리라고는 생각도 못했고, 자세히 살펴보려 하지도 않았지만 음성을 듣고도 깨닫지 못했어. 그래서 내가 되물었지. 당신이 예루살렘에 있었다면 거기서 무슨 일이 있었는지도 모르느냐고."

"그래서요?"

"무슨 일이 일어났느냐고 또 되물으시더군."

"그래서 뭐라고 대답하셨나요?"

"내가 대답하기를, 우리는 하나님이 보내신 선지자 나사렛의 예수가 이스라엘을 구원할 메시야인 줄로 알았는데 대제사장과 관리들이 그를 잡아서 십자가에 못박았다고 말했어."

"그분이 뭐라고 하시던가요?"

"그가 메시야라면 왜 죽었겠느냐고 하시더군. 그래서 내가 또 말하기를…… 그 일이 일어난 지 사흘째인 오늘 새벽에 우리 중 몇 여자가 무덤에 갔다가 시체는 없어진 것을 확인하고 오직 천사만 보았는데 그가 나사렛 예수의 부활을 전했다는 것, 또 그분의 두 제자가 여자들의 말을 듣고 무덤으로 달려갔으나 역시 시체가 없어진 것만 확인하고 돌아왔다는 것을 다 알려 드렸지."

"그런 이야기를 하면서도 누구인지를 몰랐나요?"

"실은 그분이 십자가에 달려 돌아가신 후로 우리 역시 넋이 나간 듯 모든 감각이 마비되어 있었어. 시각도, 청각도 그리고 생각까지도."

"그래서, 어떻게 되었나요?"

"그 분은 우리의 믿음과 깨달음이 너무 더디다고 탄식하셨지. 선지자들이 전한대로라면 메시야가 고난만 받을 것이 아니라 자기의 영광에 들어가야 할 것이 아니냐면서, 모세와 모든 선지자들이 메시야에 관해 쓴 것을 설명해 주셨어."

"그리고요?"

"이곳 엠마오에 가까이 이르렀을 때 그냥 지나쳐 가시려는 것 같길래 우리가 그분을 붙잡았지. 날이 이미 저물었으니 여기서 묵고 가시라고 권하면서 바로 이 주막으로 모셨는데……"

"주인의 말로는 바로 이 자리였다고 하더군요."

글로바가 고개를 크게 끄덕였다.

"바로 이 자리였어. 지금 게바님이 앉은 자리에 그분이 앉으셨고 시몬과 나는 자네들이 앉은 그 쪽에 앉아 있었지."

게바는 그분이 앉았던 자리에 자신이 앉아 있다는 것을 깨닫고 황송하여 어쩔 줄을 모르고 있었다. 그런 것에 아랑곳하지 않은 채로 글로바는 자신의 이야기를 계속했다.

"주인이 내온 떡을 그분이 집어 축사하시고 떼어서 나눠주실 때에야 우리는 비로소 그분을 바로 볼 수 있었어. 그러나 우리가 알아보았을 때 이미 그분은 보이지 않았지. 시몬과 나는 정신을 차리며 서로 물었어. 그분이 길에서 우리에게 말을 거시고 성경을 풀어주실 때 마음이 뜨겁지 않더냐고."

"그래서 예루살렘으로 되돌아가셨나요?"

"단숨에 마르코스의 집으로 달려가 숨어 있던 열 한 제자에게 그 말을 전했어. 그러나 모두들 영을 본 것이 아니냐며 우리 말을 믿으려 하지 않았지."

그는 게바를 힐끔 보며 한 마디를 더 했다.

"다만 게바님은 그 말을 듣더니 벽을 향해 돌아앉더라고."

마르코스가 게바에게 물었다.

"왜 그러셨나요?"

게바가 한숨을 쉬며 대답했다.

"실은 나도 그날 아침에 주님을 만났는데……"

"네?"

"무덤에 달려갔다가 시체가 없어진 것만 확인하고 돌아오는데 요한은 먼저 마르코스의 집으로 들어갔고 나 혼자 연극장 근처에 털썩 주저앉아 있었지. 그런데 동이 틀 무렵에 그분이 나타나신 거야."

"그분임을 확인하셨나요?"

"실은 나 역시 글로바와 시몬처럼 거의 제 정신이 아니었지. 더구나 그분이 네가 나를 세 번 부인하리라고 하셨는데 그 말씀대로 가야바의 집 하녀에게 그분을 모른다고 세 번이나 부인했으므로 그분의 낯을 바로 볼 수가 없었어."

"그런데 어떻게 그분인 줄 아셨지요?"

"내 마음이, 그냥 내 마음이 그분을 알아보았던 거야."

마르코스가 보기에는 게바의 말도 역시 확실한 증거는 아니었다. 그러나 나사렛 예수의 제자들은 증거보다 마음 쪽에 더 무게를 두고 있었다.

"그분은 뭐라고 하셨나요?"

"갈릴리에서 만나자…… 그 한마디만 하시고는 곧 사라지셨어."

"그러면 그 다락방에서 두 번째 만난 건가요?"

"글로바와 시몬이 돌아와 주님을 만난 일에 대해서 이야기하고 있을 때 그분이 나타나셨지."

"그 때 다락방 문은 잠겨 있었다면서요?"

게바가 고개를 끄덕였다.

"글로바와 시몬을 방안에 들인 다음 요한이 문을 잠갔거든. 주님께서 너희에게 평강이 있을지어다, 라고 말씀하시는데도 여전히 고개를 들지 못한 채 한쪽 구석에 숨어 있었어."

"그리고 한 번 더 다락방에 나타나셨다죠?"

"그 자리에 없었던 도마가 그 손의 못자국에 손을 넣어보기 전에는 믿지 못하겠다고 했는데 여드레 후에 다시 나타나셔서 손뿐 아니라 허리의 상처에까지 손을 넣어보라고 하셨지."

그 후의 이야기도 마르코스는 모친에게서 들었다. 티베리아스의 바다에서 게바를 비롯한 일곱 명의 제자들이 고기를 잡고 있을 때 예수는 바닷가에 모닥불을 피워 놓고 기다렸다는 것이었다.

"티베리아스의 바닷가에서도 만나셨다더군요."

게바는 깊이 숨을 들이켰다.

"연극장에서 한 번, 그리고 마르코스의 집 다락방에서 두 번을 뵈었는데도 나는 그분을 세 번 부인한 일 때문에 감히 그분 앞에 나설 수가 없었지. 그런데 그날 새벽 티베리아스의 바닷가에서 가야바의 집에서와 똑같은 모닥불 앞에 날 앉혀 놓고 주님은 갑자기 내 이름을 부르셨어."

"이름을요?"

"요한의 아들 시몬아……."

게바의 부친도 그 이름이 요한이었다.

"그분이 지어준 이름으로 부르지 않고 본래의 이름으로 불렀다구요?"

아폴로스가 고개를 갸웃거렸다.

"처음으로 다시 돌아가자는 뜻이었을까?"

게바는 잠시 사이를 두었다가 이야기를 계속했다.

"그리고 내게 물으셨지."

"무엇을요?"

"네가 이 사람들보다 나를 더 사랑하느냐?"

"뭐라고 대답하셨나요?"

"주님, 그렇습니다. 내가 주님을 사랑하는 줄 주님께서 아십니다."

"그래서요?"

"그분이 이르시기를…… 내 양을 먹이라."

"그것으로 끝입니까?"

게바가 고개를 가로저었다.

"그분이 다시 물으셨어. 요한의 아들 시몬아, 네가 나를 사랑하느냐?"

"같은 질문을 또?"

"나는 크게 당황하여 떨리는 목소리로 다시 대답했지. 주님, 그렇습니다. 내가 주님을 사랑하는 줄 주님께서 아십니다…… 그러자 또 말씀하셨어. 내 양을 치라."

이번에는 다시 아폴로스가 그에게 물었다.

"그리고 한 번 더 물으셨죠?"

게바가 놀라며 아폴로스에게 되물었다.

"어떻게 그것을 알았지?"

"게바님이 가야바의 집에서 그분을 세 번 부인했기 때문이지요."

게바가 눈을 크게 뜨며 고개를 끄덕였다.

"맞았네. 그분은 내게 세 번째로 물으셨어. 요한의 아들 시몬아, 네가 나를 사랑하느냐? 내가 떨리는 목소리로 다시 대답했지. 주님, 모든 것을 아시지요. 내가 주님을 사랑하는 줄을 주님께서 아십니다."

"그래서요?"

"그분이 또 말씀하셨어. 내 양을 먹이라…… 네가 젊어서는 스스로 띠를 띠고 원하는 곳으로 다녔으나 늙어서는 네 팔을 벌려 남이 네게 띠를 띠우고 원하지 않는 곳으로 데려갈 것이다."

아폴로스가 자기 생각을 말했다.

"치유와 사명이로군요."

게바가 그를 바라보자 그가 설명을 덧붙였다.

"세 번 부인하신 아픔과 상처를 세 번의 사랑한다는 고백으로 고침받게 하시고 또 그것을 앞으로 해야 할 사명으로 바꿔 주신 것이겠지요."

게바는 그를 바라보며 또 고개를 끄덕였다.

"역시 많이 공부한 사람은 다르군."

거기까지 이야기하면서 그들은 곧 이 주막에 왜 갑자기 사람들이 가득 차게 되었나를 알게 되었다. 게바가 엠마오에 왔다는 소문을 벌써 듣고 병자들과 그 가족들이 기도를 받기 위해 몰려온 것이었다. 주인이 음식을 가져왔으나 게바는 그것을 먹을 틈도 없이 병자들을 위해 기도하고 있었다.

32

마르코스 요안네스

　게바가 걷기를 고집했기 때문에 그들이 룻다에 들어선 것은 해가 꽤 기울어서였다. 이태 전과 마찬가지로 애네아스의 집 마당에는 병자들과 걸인들이 가득했다. 게바가 마당 안으로 들어서자 병자와 나그네들을 보살피던 여인들이 허리를 펴며 그를 바라보았다.
　"여러분, 주님의 사도이신 게바님이십니다."
　글로바가 그렇게 소개하자 여인들이 달려나와 그를 영접했고 누군가 벌써 안에 연락을 했는지 애네아스의 가족들도 달려나왔다.
　"어서 오세요."
　"예수 그리스도의 평안이 여러분과 함께 하시기를."
　"그리고 사도와 함께 하시기를."
　게바가 안으로 들어가자 자리를 펴고 누워 있던 애네아스가 일어나려고 애를 썼으나 마음대로 되지 않았다.
　"죄송합니다. 제가……"

게바가 손을 들어 그를 만류하며 말했다.

"애네아스, 당신의 믿음과 착한 일이 널리 소문나서 우리 주 예수 그리스도께도 이미 알려진 바가 되었습니다. 그분께서 이제 당신을 낫게 하셨으니 그만 일어나서 자리를 정돈하십시오."

그러자 애네아스의 눈이 빛났다.

"오, 주여…… 주님께서?"

바로 조금 전에 누운채로 사도를 맞이했던 그가 바닥을 짚으며 상체를 일으키더니 다시 허리를 펴기 시작했다. 그리고 두 손을 치켜들었다. 마르코스와 아폴로스가 손을 내밀자 양손으로 두 사람의 손을 잡더니 다리에 힘을 주었다.

"애네아스!"

마침내 애네아스가 일어섰다. 마르코스와 아폴로스의 손에서 그의 두 손이 빠져나갔다. 그는 일어선 채로 자신의 몸을 살펴보았다. 손가락과 손목을 움직여 보고 팔을 휘둘러보더니 걸음을 옮겨 놓기 시작했다.

"주여."

그는 기쁨의 눈물을 흘리며 어느새 게바가 지시한 대로 자신이 누웠던 자리를 정돈하기 시작했다. 가족들이 달려들어 그를 껴안았고 그것을 지켜보던 사람들과 마당에 있던 사람들이 일제히 큰 소리로 외쳤다.

"할렐루야!"

"하나님께 영광을, 그 아들에게 감사를."

마당에는 룻다 사람들뿐만 아니라 게바가 룻다에 온다는 소식을 듣고 샤론 지역과 아스글론 지역에서 찾아온 많은 병자들과 그 가족들이 있었다. 그 날 고침을 받은 것은 애네아스 뿐만이 아니었다. 여러 지역에서 모여든 많은 병자들이 나음을 입었고 그 가족들도 세례를 받았다.

"아폴로스, 어떻게 생각해?"

그는 고개를 가로저었다.

"아무래도 이건…… 논리적인 현상은 아니야."

"마술사 시몬이 돈으로 사려고 했던 마법이나 비술도 아니고."

"중풍병을 마술로 고친 사례는 없었어."

마술의 기법 중에는 관객 속에 섞여 있는 한 사람과 사전에 짜고 하는 것도 있었다. 그러나 애네아스가 중풍병으로 쓰러져 8년 동안 꼼짝도 못하고 자리에 누워 있었다는 것은 온 동네 사람들과 그 집에서 신세를 진 모든 사람들이 다 알고 있는 사실이었다.

"그렇다고 해서 의술도 아닌 것 같고."

마르코스의 말에 아폴로스가 고개를 끄덕였다.

"의술이라고 할 수는 있을 것 같아. 모든 병의 근원은 마음이 결박되어 있거나 마음에 상처를 입어서 생긴다는 말도 있어. 나사렛의 예수는 그 마음의 병을 먼저 고쳐서 몸까지 치료하는 의원일 수도 있지."

"티베리아스에서 게바님의 아픔을 치유해 준 것처럼?"

그 때 두 사내가 다시 애네아스의 집 마당으로 들어섰다. 마르코스와 아폴로스는 그들 중의 하나를 알아보았다. 그는 욥바의 거리에서 나사렛의 예수가 다시 살아났다고 증언했던 갖바치 시몬이었던 것이다.

"저, 시몬입니다."

"아니, 자네가 웬일인가?"

게바가 허리를 펴며 묻자 그가 헐떡거리며 대답했다.

"급한 일이 있어서 이렇게 달려왔습니다."

"무슨 일이기에?"

"욥바에 다비다라는 자매가 있습니다."

"나도 들었네. 헬라식 이름으로 도르가였지."

"그렇습니다. 룻다의 애네아스 형제처럼 다비다 자매는 욥바에서 선행과 구제를 많이 하는 분이었는데…… 병이 들어 앓다가,"

"그래서?"

"그만 죽었습니다."

"저런."

모두들 긴장하여 갖바치 시몬의 말을 듣고 있다가 그녀가 죽었다는 바람에 허탈한 얼굴이 되었다. 아직 죽기 전이었다면 몰라도 이미 다비다 자매가 죽었는데 무엇 때문에 달려왔는지 알 수가 없었던 것이다.

"모두들 다비다 자매의 죽음을 슬퍼하고 있습니다."

"그렇겠지."

그러나 갖바치 시몬이 욥바에서 룻다까지 달려온 목적은 다만 그녀가 죽었다는 소식을 전하기 위해서가 아니었다.

"모두들 사도께서 급히 와 주시기를 바라고 있습니다."

"나를?"

"오셔서 다비다 자매를 살려 주십시오."

그제서야 갖바치 시몬이 달려온 의도를 알게 된 사람들은 그와 게바를 번갈아 바라보았다. 아무래도 그는 지나치게 무리한 요구를 하고 있었다. 게바 일행은 아직 저녁 식사도 하지 못한 채였고 날은 완전히 어두워졌다. 그러나 그런 것보다도 더 무리한 것은 죽은 사람을 살려달라는 간청이었다.

"하나님이 이미 그 영혼을 불러 가셨는데."

물론 나사렛의 예수는 나인성에서 과부의 죽은 외아들을 살려낸 일이 있었고 죽은지 나흘이 된 베다니의 라사로를 무덤에서 불러낸 적이 있었다. 그러나 게바는 아니었다. 나서부터 앉은뱅이 된 자를 일으키고 중풍병으로 쓰러진 지 8년 된 애네아스를 일으켰으나 죽은 자를 살려낸 일은 없었다.

"어서 가십시오."

누군가 그렇게 말했다. 모두들 그 목소리가 나온 쪽을 바라보았다. 그렇게 말한 사람은 바로 조금 전에 중풍병에서 놓여 일어난 애네아스였다.

"이미 8년 전에 중풍병으로 쓰러져 꼼짝도 못하고 누워 있던 제가 이렇게 일어서 있습니다. 쓰러진 중풍병자를 일으키는 것이나 죽은 자를 살려내는 일이나 무엇이 다릅니까? 주님이 욥바에서 사도를 부르고 계십니다."

게바가 고개를 끄덕이더니 갖바치 시몬의 어깨에 손을 얹었다.

"시몬, 욥바로 갑시다."

마르코스가 그에게 말했다.

"이번에는 말을 타고 달려가셔야 할 것 같네요."

마르코스 요안네스

게바의 일행이 욥바에 도착하여 다비다의 집에 이르렀을 때 평소에 그녀의 도움을 받았던 많은 사람들이 집 앞에 모여 있었다. 특히 가난한 과부들은 게바가 도착하자 품에 안고 있던 속옷과 겉옷들을 그에게 보여 주었다. 다비다가 살아 있을 때 그들을 위해 지어준 것이었다.

"다비다가 이대로 가면 안됩니다."

그녀들이 떼를 썼다.

"사도께서 우리 다비다님을 살려 주세요."

게바가 그들을 달래며 말했다.

"여러분, 사람의 생사는 하나님께서 주관하시는 것입니다."

그러나 과부들은 더욱 그에게 매달렸다.

"그러면 하나님께 그 아들 예수 그리스도의 이름으로 기도해 주세요."

게바가 갖바치 시몬을 돌아보았다.

"다비다는 어디 있습니까?"

"시신을 씻어 다락방에 눕혀 놓았습니다."

갖바치 시몬이 그를 다락방으로 안내했다. 다락방에도 많은 여인들이 흐느껴 울고 있었다. 과부들이 둘러싸고 있는 사이로 단정한 자세로 눕혀져 있는 다비다의 창백한 얼굴이 보였다.

"모두들 이 방에서 나가 주십시오."

다락방에서 울고 있던 과부들이 모두 나갔고 거기까지 따라 올라갔던 마르코스와 아폴로스도 갖바치 시몬과 함께 그곳을 나섰다. 다락방의 문을 닫고 마당으로 내려온 갖바치 시몬이 먼저 무릎을 꿇자 모든 사람들이 그를 따라서 무릎을 꿇었다. 마르코스와 아폴로스도 무릎을 꿇을 수밖에 없었다.

"정말 죽은 사람이 살아날 수 있을까?"

마르코스가 혼자 중얼거리자 아폴로스는 목소리를 낮추어 대답했다.

"나사렛 예수도 죽은 사람을 살린 적이 있다던데."

"내가 직접 본 것은 아니지만……"

마르코스의 표정도 착잡해졌다.

"그분 자신도 죽었다가 살아났다고 하니까."

그 때 누군가가 그들의 허리를 손끝으로 쿡 찌르며 낮은 소리로 속삭였다.

"함께 기도해 주세요."

마르코스는 얼른 눈을 감았다. 그를 손끝으로 찌른 사람이 함께 기도를 해 달라고 당부했는데 뭐라고 기도해야 할지 알 수가 없었다. 죽은 사람을 다시 살려달라고 하는 기도는 좀처럼 나오지 않았다.

"이게 도대체 무슨 일인지…… 제가 무엇을 하고 있는 것입니까?"

그는 기도의 대상도 설정하지 못한 채 중얼거렸다.

"제가 무지한 것이라면"

숨을 깊이 들이켰다.

"가르쳐 주십시오. 저는 잘 모르겠습니다."

시간이 얼마나 지났는지 알 수 없었다. 마르코스는 누구인지도 모르는 상대를 향해 가르쳐 달라고 중얼거리다가 깜빡 잠이 들었던 것 같았다. 갑자기 꿈속에서처럼 큰 소리가 들려왔다.

"주님께서 너를 부르신다."

그는 깜짝 놀라며 눈을 번쩍 떴다.

"다비다여, 일어나라!"

그 소리는 다락방 쪽에서 나온 것이었다. 그것을 들은 사람은 마르코스 자신만이 아니었다. 마당에서 기도하고 있던 모든 사람들이 눈을 들어 다락방 쪽을 바라보고 있었다. 고개를 돌려보니 아폴로스의 눈도 그 쪽을 향해 있었다.

"문이 열린다."

누군가가 그렇게 말했다. 정말 다락방의 문이 열렸다. 그리고 그 문에 게바의 모습이 나타났다. 그는 자신을 주목하고 있는 사람들에게 말했다.

"다비다 자매에게 먹을 것을 주시오."

갖바치 시몬과 과부들이 놀라서 모두 다락방으로 뛰어 올라갔고 마르코스와 아폴로스도 그들의 뒤를 따랐다. 사람들 틈을 비집고 다락방에 들어선 마르코스는 눈을 크게 떴다. 이미 호흡이

끊어진 시신으로 방바닥에 눕혀져 있던 여인 다비다가 자리에서 일어나 단정한 모습으로 앉아 있었다.

"다비다 자매님."

사람들이 달려들어 그녀의 얼굴과 손을 만져보고 있었다. 갓 바치 시몬이 눈물을 글썽이며 그녀에게 물었다.

"자매님, 저를 알아보시겠습니까?"

그를 물끄러미 바라보던 다비다의 눈에 잔잔한 미소가 고이더니 그녀의 입술이 드디어 열렸다.

"시몬님, 배가 고파요."

마르코스 요안네스

  2년만에 마르코스와 아폴로스는 다시 욥바 항의 부두에 서 있었다. 아테네로 가는 키르케 호의 돛대에 출항을 알리는 깃발이 걸렸다.
  "다시 만날 때 너는……"
  마르코스가 떠나는 친구를 포옹했다.
  "큰 학자가 되어 있겠지."
  포옹을 풀며 아폴로스가 그 말을 받았다.
  "아무리 공부를 해도 죽은 사람을 살려내지는 못할 거야."
  자꾸 흔들리려는 그를 마르코스가 격려했다.
  "학자와 어부는 다르니까."
  "게바님은 당분간 욥바에 머무를 것 같더구나."
  "워낙 많은 사람들이 모여들고 있어서."
  날이 새기도 전에 죽은 여자가 살아났다는 소문이 모든 지역에 다 퍼졌다. 삽시간에 욥바 인근의 여러 지역에서 사람들이 모여들었다. 다비다의 집 뿐만 아니라 근처가 온통 사람들로 북새통을 이룰 정도였다.

"아폴로스, 어서 배에 오르거라."

친구와 한 번 더 포옹을 나눈 후 아폴로스는 배에 올랐다.

"정말 죽은 사람이 살아났나요?"

배에 오르는 재종숙을 바라보고 있던 아레스가 마르코스에게 그렇게 물었다. 룻다에서 게바에게 말을 내어 주고 욥바까지 걸어서 내려온 아레스는 죽었던 다비다가 다시 살아난 놀라운 장면을 못 보았던 것이다.

"기적이 일어났어."

아레스는 이해가 안 된다는 듯 그를 바라보았다.

"죽은 사람을 살려냈다구요? 나사렛 예수가 죽은 사람을 살리기 위해 세상에 왔다는 말을 듣기는 했지만, 어떻게 정말로 그런 일이……"

마르코스가 또 유클리드의 말투를 사용했다.

"이렇게 확실히 증명하였다."

아레스는 벌린 입을 다물지 못했다. 재종숙 아폴로스와 마르코스는 알렉산드리아에 가서 10년 동안이나 수학과 철학을 공부한 사람들이었다. 그들이 직접 목격하고 확인을 했다면 그것은 사실이었음이 명백했다. 소문과 정보를 알아내는 데 재빠르다고 자부하던 아레스가 이번에는 중요한 정보를 놓친 셈이었다.

"배가 떠나는구나."

닻을 감아올린 배가 천천히 부두를 떠나자 그와 아레스는 뱃전에 서 있는 아폴로스를 향해 손을 흔들었다. 친구의 모습을 더 이상 식별하기 어려울 정도로 배가 멀어져가자 마르코스가 아레스에게 말했다.

"우리도 이제 배를 찾아야지."

게메로스의 부친 달로스가 소개한 선주를 찾아갈 셈이었다.

"시장 거리가 좀 한산하군요."

부두를 떠나며 아레스가 말했다. 거리에 사람이 없는 것은 아니나 2년 전처럼 크게 북적이지는 않았다. 전에 보았던 마술사와 그의 조수도 없었고 구경꾼들도 보이지 않았다. 거리의 사람들이 모두 죽은 사람을 살려냈다는 게바를 보기 위해 다비다의 집으로 몰려간 것 같았다.

35
마르코스 요안네스

 배가 알렉산드리아에 입항하자 마르코스는 먼저 베가의 곡물 거래소를 찾았다. 베가는 알렉산드리아에서 가장 큰 곡물 거래소를 운영하는 유대인이고 부친의 이드란 상회와 긴밀한 관계를 맺고 있던 유력자였다.
 "안녕하셨습니까, 어르신."
 많은 사람들 사이를 누비고 다니며 현장 지휘를 하고 있던 베가를 겨우 찾아낸 마르코스가 다가가서 인사를 하자 그는 눈을 크게 떴다.
 "마르코스, 폭동 때에는 잽싸게 도망치더니 언제 이렇게 다시 왔느냐?"
 "조금 전에 도착했습니다."
 "아, 네페르티티 호?"
 그는 입항한 지 얼마 안 되는 상선의 이름을 벌써 알고 있었다. 네페르티티는 특히 목의 선이 아름다웠던 애굽 최고의 미인이었고 1천 4백년 전 애굽을 다스렸던 파라오 아켄아톤의 왕비였다.

"네. 욥바에서 배를 탔지요."

그는 곁에 서 있는 아레스를 그에게 소개했다.

"요아스님의 재종손인 아레스에요."

"아…… 그에게 사촌 형이 있다고 하더니 그 손자로구나."

아레스가 고개를 숙였다.

"네. 요담의 손자이고 아브넬의 아들인 아사헬입니다."

"아레스라더니 아사헬은 또 뭐지?"

"아폴로스 아저씨가 제 이름 아사헬을 아레스로 바꿔 주었습니다."

고개를 끄덕여 그의 인사를 받고 나서 베가는 다시 마르코스에게로 고개를 돌렸다.

"아버지의 일을 다시 시작하겠다고?"

"벌써 들으셨군요."

"응, 요아스에게서 소식을 들었지."

"유대 지역의 대리점과 지점들을 다시 정비했습니다."

"잠깐 기다려라, 사무실로 가서 이야기를 하자."

그는 몇 사람을 더 만나서 지시와 확인을 마무리한 다음 마르코스와 아레스를 데리고 사무실로 들어섰다.

"헬모게네스, 마실 것을 좀 가져오너라."

사무실에서 서류를 정리하고 있던 사내아이가 벌떡 일어서더니 그들이 미처 앉기도 전에 포도즙을 가져왔다. 마르코스가 웃으며 말했다,

"아레스보다 빠른 녀석이 여기 또 있군."

베가가 그 아이에게 말했다.

"인사를 드리거라, 이쪽은 이드란 상회의 후계자인 마르코스이고 함께 온 이는 건축가 요아스님의 재종손 아레스 군이다."

아이가 고개를 숙였다.

"헬모게네스입니다."

마르코스가 베가를 바라보았다.

"헬라식 이름이로군요."

이름뿐 아니라 얼굴도 아도니스를 닮은 헬라인의 것이었다.

"클라우디우스 황제의 칙령이 발표된 후로 헬라인들과의 관계가 많이 개선되었기 때문에 나도 그들과의 우호에 기여하는 뜻에서 이 녀석을 채용했지."

"요즘은 조용한가요?"

"본래 장사꾼들이란 함께 사는 데 금방 익숙해지게 마련이거든. 문제는 마르코스, 너희 레위 지파처럼 완고한 율법주의자들이 일으키는 거야."

"그 말씀엔 저도 동의합니다."

마르코스의 부친 이드란의 생각도 마찬가지였다. 그래서 제사장의 문패를 떼어버리고 장사의 길을 택했던 것이다.

"그래서 너도 장사의 길로 나서겠다는 거냐?"

"이미 유대 지역 대리점들의 주문서를 받아 왔습니다."

"어떤 품목을?"

"대부분이 곡물입니다."

베가가 고개를 끄덕였다.

"야곱과 요셉의 때로부터 애굽은 곡물의 공급처였지."

233

"베가님의 도움이 필요합니다."

"이드란 상회가 15년 만에 다시 살아난다는데 내가 도와야지."

마르코스의 부친 이드란이 변고를 당한 것도 이제 15년이 지나고 있었다.

"여리고는 어떻게 했나?"

"아버지 때의 간판이 그대로 붙어 있더군요."

"이드란과 클로리스?"

"알고 계시는군요. 클로리스란 분을 만났는데 그분이 말하기를 우리는 영원한 동업자라고 하더군요."

베가가 빙그레 웃었다.

"그 여자가 네 아버지를 꽤나 좋아했지."

마르코스가 때를 놓치지 않고 말했다.

"여기서도 상회를 운영해 줄 동반자가 필요합니다."

베가는 다시 고개를 끄덕였다.

"내가 사람을 구해 보겠네."

마르코스는 가져온 주문서들을 내놓고 베가에게 물량의 확보를 부탁했다. 베가는 수하의 사람들에게 그에 필요한 조치들을 지시하고 수급 일정에 맞추어 선적과 수송이 될 수 있도록 선주들까지 연결을 해 주었다.

"요아스는 만나 보았나?"

"도착하여 곧 이곳으로 왔기 때문에……"

마르코스는 그에게 도와줄 사람을 추천해 달라고 부탁하는 것과 함께 부두 가까운 곳에 이드란 상회를 다시 열 만한 자리를 얻을 수 있도록 도와달라고 당부하는 것도 잊지 않았다.
"좋은 자리를 구해 주십시오."
"걱정 말게. 이드란이 다시 살아서 돌아온 것 같군."

36
마르코스 요안네스

곡물거래소의 베가와 거래에 관한 상담을 끝내고 나서 마르코스는 법무사와 세관장 등을 만나 인사를 나누고 아레스를 소개한 다음 항구의 대로를 따라 세라피스 신전 쪽을 향해 올라가기 시작했다. 15년 전에 그의 부친 이드란이 그가 수집한 서적들을 세라피온의 별관에 납품하기 위해 나귀가 끄는 수레에 싣고 가다가 괴한에게 습격을 당해 목숨을 잃은 길이었다.

"두 명의 범인이 두 사람을……"

이드란과 수레 주인 두 사람이 살해당했다. 검시관 아마시스의 말에 의하면 수레 주인은 날카로운 장검에 찔렸고 이드란은 둔한 흉기에 찔린 것 같다고 했다. 그의 모친은 범인이 두 명이었을 것이고 아버지를 찌른 흉기는 칼이 아니라 람다형의 가위였을 것이라고 자신의 의견을 말했다.

"뭐라고 했죠, 도미누스?"

그가 중얼거리는 것을 보고 아레스가 물었다.

"아, 아니야."

그러다가 마르코스는 갑자기 발이 허전해진 것을 느꼈다. 가죽신의 끈이 떨어져서 그것이 벗겨졌던 것이다. 신을 집어들고 들여다보는데 아레스가 말했다.

"마침 신발 가게가 있군요."

아레스가 가리키는 쪽으로 고개를 돌렸을 때 길가에 있는 신발 가게에서 네페르티티처럼 목이 상큼한 여인 하나가 걸어나왔다. 그녀는 마치 낚시를 던지듯 환한 시선을 마르코스를 향해 던져 놓고 시원스러운 걸음으로 곧장 다가왔다. 삽시간에 1천 4백 년 전으로 돌아간 듯 하여 당황하고 있는 그에게 바싹 다가선 여인이 꿈속에서처럼 입술을 가만히 열었다.

"신을 고치셔야겠군요."

제법 기품이 있어 보이는 그녀의 말에 마르코스는 잠시 허둥댔다.

"아, 네."

"따라오세요."

신을 벗어 든 채로 그는 여인을 따라 가게 안으로 들어섰다.

"아빠, 이분의 신 좀 고쳐 주세요."

눈썹이 짙은 중년의 사내가 일어서며 그를 맞았다.

"어서 오십시오. 전 신발을 만들고 수리도 하는 제화공 아니아노스입니다. 신발 끈이 떨어진 것을 보니 알렉산드리아와 깊은 인연이 있나 보군요."

"그렇습니까?"

"알렉산드리아에 와서 신발 끈이 떨어지면 반드시 다시 오게 된다지요."

"아…… 그건 저도 들었습니다."

알렉산드리아에서 10년이나 공부를 했던 마르코스가 그 이야기를 모를 리가 없었다. 나그네가 알렉산드리아에 와서 신발 끈이 떨어지면 다시 오게 된다는 속설은 그들이 이곳 여자를 사귈 때 흔히 사용되었다. 신발 끈이 떨어질 때까지 함께 오래 사귀자는 구애의 뜻이었다.

"다브네스, 손님들께 마실 것이라도 좀 드려라."

아니아노스가 그의 신에 끈을 달면서 딸인 듯한 여인에게 말했다. 손님을 지루하지 않게 하려는 상업용 배려였다.

"네."

따뜻한 샤이가 담긴 잔을 여인이 내려놓는 동안 그가 물었다.

"알렉산드리아에는 무슨 일로 오셨습니까?"

"장사 일로 왔습니다."

찻잔을 다 내려놓자 마르코스가 여인에게 인사를 했다.

"감사합니다, 다브네스."

그 이름은 여왕이라는 뜻을 지니고 있었다.

"어서 드세요."

그녀가 가져온 따뜻한 샤이를 마시며 그가 다시 아니아노스에게 물었다.

"따님은 여기서 아버지의 일을 돕고 있나요?"

아니아노스가 고개를 저었다.

"장사를 배우고 싶어서 기회를 기다리고 있답니다. 애굽어는 물론이고 헬라어와 아람어 그리고 로마어까지 다 배워서 유창하게 잘 하는 편인데 아직 그것들을 활용할만한 기회가 없었지요."

마르코스보다 아레스가 먼저 그녀에 관심을 표시했다.
"장사를 하는 데는 여러 방언이 필수인데……"
그것을 모른 체 하며 마르코스가 다시 그녀의 아버지에게 물었다.
"낯선 사람들과 거래를 하다 보면 때로는 뜻하지 않은 위험에 처할 수도 있을텐데 그런 일을 연약한 여자의 몸으로 감당해 낼 수 있을까요?"
"연약한 것이 아니라 날렵하지요."
"네?"
"다브네스는 어려서부터 세라피스 신전의 비전을 열심히 익혔거든요."
마르코스도 그것에 대해서는 좀 알고 있었다. 파라오 아켄아톤의 시위대에서 시작되어 1천 4백년간 전해오는 그 무술이 세라피온의 사제들에게까지 전해오고 있었던 것이다.
"따님께서 상점을 운영해 본 경험은 있습니까?"
"그것을 배우고 싶어하는 것이지요."
마르코스가 그제서야 고개를 끄덕이며 빙그레 웃었다.
"기다려 보면 좋은 기회가 오겠지요."

마르코스 요안네스

마르코스는 먼저 총독부를 찾아 행정관 알렉산더를 만났다. 철학자 필로의 아우이기도 한 행정관 알렉산더는 마르코스의 부친 이드란을 많이 도와주던 관리였다. 반갑게 맞아주는 행정관에게 그가 인사를 했다.

"위기를 잘 극복하셨군요."

알렉산드리아 총독 플라쿠스의 보좌역이었던 그도 2년 전의 폭동 때 칼리굴라의 미움을 받아 총독과 함께 파면당할 뻔 했던 것이다.

"운이 좋았던 셈이지."

"상황도 개선되고 해서 이드란 상회를 재건하려고 합니다."

"학문의 길은 어떡하고?"

"생활 속에서 길을 찾기로 했습니다."

"자네 역시 아버지를 닮았군."

학문을 포기하고 부친의 사업을 잇겠다는 것이 레위 지파 출신으로 장사에 나섰던 부친과 닮았다는 뜻이었다. 알렉산더 자신은 학자가 된 형 필로와 달리 현실에서 유대인의 권익을 보호하기 위해 행정관이 되었다고 하나 권력 쪽에 더 관심을 가진 자였다. 유대인이면서 알렉산더라는 이름을 쓰는 것도 그런 이유에서였다.

"아버지를 도와주셨던 것처럼 저도 도와주십시오."

그가 곧 플라쿠스 총독의 후임이 될 것이라는 추측도 떠돌고 있었다.

"내가 하는 일이 그런 것 아닌가."

"부탁드립니다."

그는 또 아레스를 그에게 소개했다.

"여기는 앞으로 저를 도와줄 아레스입니다. 요아스님의 재종손이지요."

알렉산더는 아레스를 바라보며 고개를 끄덕였다.

"열심히 해 보게."

행정관실을 나온 마르코스는 다시 무세이온으로 향했다. 아폴로스의 부친 요아스는 건설업자라기보다 건축학자이며 설계사로 인정을 받아 무세이온 연구동의 일부를 사무실로 제공받고 있었다. 무세이온의 마당을 가로질러 갈 때 학당의 계단에 모여 앉아 토론 중이던 학생들이 그를 알아보았다.

"마르코스가 아닌가?"

함께 공부했던 동료들이 달려왔다.

"오래간만이야."

"아폴로스와 게메로스도 함께 온 거야?"

마르코스가 고개를 저었다.

"게메로스는 파포스로 갔고, 아폴로스는 아테네로 갔지."

"아테네라고?"

동료들이 탄성을 발했다. 철학자 플라톤이 설립한 아카데미아에 한번 가보는 것이 그들의 소원이기도 했던 것이다.

"그럼 자넨 다시 무세이온에 복귀하는 거야?"

마르코스가 고개를 저었다.

"아니. 나는 아버지가 하던 일을 이어받기로 했어."

친구들의 안색이 어두워졌다.

"아까운 인재 하나를 잃게 되었군."

마르코스는 감회가 깊은 듯 박물관과 도서관의 건물들을 둘러보았다.

"폭동 때 도서관은 무사했던 모양이지?"

"다소의 피해는 있었지만 90년 전의 그 때처럼 참혹하지는 않았어. 우리가 나서서 폭도들을 막아냈거든."

"유대인과 헬라인의 관계는 좀 나아졌나?"

"학문의 길에 인종이 문제가 될 것은 없지. 다만……"

"다만?"

"무세이온에 새로운 위험이 스며들기 시작했어."

"새로운 위험이라니?"

친구들은 서로의 얼굴을 바라보다가 목소리를 낮추었다.

"일부 학생들이 나사렛 예수의 가르침에 관심을 갖기 시작했거든."

"나사렛 예수?"

"유대에서 구원의 도를 전파하다가 12년 전에 처형되었다는 그 목수 말이야. 그가 다시 살아났다며 그를 구세주로 믿는 사람들이 구레네를 통해 들어왔는데 무세이온의 학생들 중 일부도 그 가르침에 관심을 갖게 된 거야."

마르코스가 시침을 떼고 말했다.

"학문이란 늘 새로운 것에 관심을 갖는 것 아니야?"

"그러나 예수의 가르침은 학문이 아니더라고."

"무슨 말이야?"

"학술적으로 설명할 수도 없고 논리적으로 증명할 수도 없으니까."

"적용할 줄을 몰라서겠지."

"그러나 또 한 번 소동이 일어날 가능성도 있어."

"소동?"

"유대인들이 나사렛 예수를 따르는 이단의 무리들을 단속해야 한다고 주장하는가 하면 헬라인과 애굽인들 역시 그들의 주장은 비논리적인 미신이라며 배척하는 입장이야. 아직 그 가르침을 따르는 자들이 많지는 않으나 로마 당국은 또 다른 충돌이 생길까 봐 우려하고 있지."

"그렇겠군."

유대 지역과 안티오키아 등에서 벌어지고 있는 일들이 애굽까지 건너오려면 시간이 꽤 걸릴 것 같았다. 마르코스는 친구들과 인사를 나누고 나서 연구동 쪽으로 향했다. 아폴로스의 부친 요아스를 만나기 위해서였다.

마르코스 요안네스

"어서 오게, 마르코스."

알렉산드리아에 건설할 새 천문대를 설계하고 있던 요아스는 자신을 찾아온 재종손 아레스보다 친구 이드란의 아들이고 자기 아들 아폴로스의 친구이기도 한 마르코스를 더 반가워했다.

"알렉산드리아로 복귀한 것을 환영한다."

"건강하셔서 좋군요. 아폴로스는 아테네로 떠났습니다."

"간다는 말을 전해 들었지."

"저는 공부를 접고 이제부터 장사나 해 보려구요."

"잘 생각했어."

"아레스가 제 일을 도와주기로 했습니다."

그제서야 요아스는 고개를 돌려 그의 재종손을 바라보았다.

"아폴로스가 네 이름을 바꿔 줬다고?"

"네, 부르기가 더 쉽거든요."

"그렇다고 아무데서나 벌거벗지는 말아라."

그도 역시 전쟁의 신 아레스가 사랑의 여신 아프로디테와 벌거벗고 자다가 망신을 당했다는 헬라 신화 속의 이야기를 알고 있었다.

"아프로디테와 자게 되더라도 옷을 입고 잘 겁니다."

비록 재종조손의 관계이기는 해도 생각이 열려 있는 할아버지와 활달한 손자의 농담이 곁에서 듣고 있는 마르코스를 즐겁게 하고 있었다. 재회의 기쁨을 나눈 다음 마르코스가 요아스를 바라보았다.

"그런데, 한 가지 부탁드릴 일이 있습니다."

"뭐지?"

"혹시 제본소에 아는 분이 계십니까?"

세계 최대의 도서관이 알렉산드리아의 무세이온에 있고 세라피스 신전에도 별관이 있었다. 게다가 애굽은 파피루스의 집산지이므로 알렉산드리아의 제본소는 서책을 제일 많이 제작하는 곳이었다. 따라서 람다형의 가위를 사용하는 재단사들이 가장 많이 일하는 곳이기도 했다. 그리고 마르코스의 아버지 이드란이 그 람다형 가위로 살해된 곳이 곧 알렉산드리아였다.

"제본소?"

요아스는 그가 제본소에 종이를 납품하려는 줄로 알고 말했다.

"마르코스, 애굽은 파피루스의 수출국이야."

그의 저서들도 알렉산드리아 제본소에서 여러 번 제작되었다. 그는 건축 설계에 필요한 자료나 공학과 수학 연구에 참고가 되는 기록들을 수집하고 정리하여 여러 권의 책으로 만들어 내었던 것이다.

"그게 아니라……"

"그럼, 송아지 가죽이나 양의 가죽을?"

파피루스보다 수명이 좀 더 오래 가는 송아지 가죽이나 양의 가죽도 두루마리의 재료로 사용되고 있었다.

"아뇨, 두루마리의 제작 과정을 좀 보고 싶습니다."

요아스는 더 이상 캐묻지 않고 제본소의 책임자를 소개해 주었다.

"우나비스 관장을 찾아가게."

"감사합니다."

마르코스 요안네스

무세이온 경내에 있는 제본소의 규모는 예루살렘의 그것보다 훨씬 더 크고 방대했다. 수많은 재단사들이 람다형 가위를 들고 파피루스 종이와 양피지를 부지런히 잘라내고 있었다. 안내하던 우나비스 관장에게 마르코스가 물었다.

"애굽 지역에 보급되는 서적들은 모두 여기서 제작됩니까?"

"그렇습니다."

"외국에 수출하는 책도요?"

"그것이 우리 제본소의 긍지이지요. 이 사람들의 복사와 제본 능력은 아마도 세계 최고일 것입니다."

"책을 저술한 학자들은 모두 이곳 사람들인가요?"

"대개 그렇습니다만 최근에는 모든 나라에서 중요한 책의 제작을 우리 제본소에 의뢰해 오고 있습니다."

"재단사들의 근무 시간은 어떻게 됩니까?"

"제3시부터 제11시까지입니다."

알렉산드리아 사람들도 로마나 유대처럼 해가 뜨는 시간에서

부터 지는 시간까지를 12시간으로 나누어 시간을 사용하고 있었다. 제3시는 해가 뜬 때로부터 2시간에서 3시간 사이를 말하는 것이고 제11시는 해 지기 한 시간 전부터 해 질 때까지를 말하는 것이었다.

"그 사이에 재단사가 밖으로 나가는 시간은 없습니까?"

"나갈 일이 없지요. 점심 식사도 구내식당에서 함께 하고 용변이나 세수도 경내에서 다 해결하니까요."

부친 이드란이 길에서 살해당한 것은 제5시 경이었으므로 아직 정오가 되기 전이었고 재단사들이 작업장에서 일을 하고 있던 시간이었다. 그러므로 일을 하던 재단사가 작업장을 이탈하여 이드란을 습격할 가능성은 없었다.

"물자 조달은 어떻게 하십니까?"

"아시다시피 파피루스는 모두 이곳 애굽에서 조달하고 있습니다만 그밖에 중요한 서적을 제본할 때에는 고급 양피를 수입하고 있습니다. 또 품질이 좋은 도구나 약품들도 수입할 때가 있지요."

"그러면…… 가위 같은 것은 어떻습니까?"

"가위도 물론 수입품을 씁니다."

그렇다면 아버지 이드란을 찌른 범인이 꼭 제본소의 재단사였다고 단정할 수는 없는 것이었다. 상인들이 수입한 가위는 얼마든지 다른 용도로 팔려나갈 수 있을 것이기 때문이었다.

"내가 지금 뭘 하고 있는 거지?"

한 두 해도 아니고 15년 전의 일을 추적하고 있는 자신의 모습이 마르코스는 한심스럽게 느껴졌다. 모세의 신명기에도 원수 갚는 것은 하나님께 맡기라고 했는데 아직도 15년 전의 일을 캐고 다니는 것은 죽은 아버지는 물론이고 하나님도 바라는 일이 아닐 것 같았다.

"때가 되면 밝혀 주시겠지."

마르코스는 제본소를 안내해 준 우나비스 관장에게 고개를 숙였다.

"귀중한 시간을 내 주셔서 감사합니다."

"필요한 것이 있으면 언제라도 찾아오십시오."

제본소를 나서면서 그는 눈을 들어 하늘을 바라보았다.

"그래, 이제 새로 시작하는 거야."

그가 지난날 부친이 관계했던 이들의 상점을 비롯해 몇 군데를 더 둘러보며 인사를 한 다음 다시 곡물 거래소로 돌아왔을 때 조금 한가해진 베가는 사무실 밖으로 나와서 그를 기다리고 있었다.

"거리가 폭동 전보다 오히려 깨끗해졌군요."

베가가 고개를 끄덕였다.

"알렉산드리아가 어떤 곳인가? 이 시대 최고의 지식인들이 모여들어 살고 있는 곳이 아닌가?"

"물이 너무 맑으면 고기가 살지 못한다던데요."

"사료를 주면 되거든."

그를 따라 들어간 마르코스는 깜짝 놀라며 눈을 크게 떴다.

"아니……?"

일어서며 그들을 맞이하는 여인은 제화공 아니아노스의 딸 다브네스였다.

"아는 사이인가?"

"아뇨, 그저……"

"그럼 인사하게. 내가 자네의 동업자로 추천하는 인물이야. 이름은 다브네스이고 부친은 신발을 만드는 기술자 아니아노스. 애굽어는 물론 헬라어와 아람어 그리고 로마어까지 자유자재로 말할 수 있는 재원이야."

"장사를 하려면 언어 능력 외에도……"

그 의미를 알아듣고 베가가 말을 덧붙였다.

"그동안 부기법과 물류법을 배웠고 거래 현장도 직접 견학하면서 장사에 참여할 수 있는 기회를 기다리고 있었다는군."

"그리고 이제 기회가 왔군요."

마르코스가 그렇게 말하자 그녀에게 관심을 갖고 있던 아레스의 얼굴이 환해지고 있었다. 베가가 마르코스에게 물었다.

"자네의 그 말은…… 다브네스를 채용하겠다는 뜻인가?"

마르코스가 고개를 끄덕였다.

"그렇습니다."

"채용 수속이 너무 간단한 것 같은데?"

"아뇨, 어르신께서 추천하시는데 어디서 더 나은 사람을 찾겠습니까?"

마르코스 요안네스

 부친이 그렇게 했던 것처럼 역시 이드란 상회의 본점은 알렉산드리아에 두는 것이 적절해 보였다. 마르코스는 베가가 마련해 준 장소에 본점을 개설하고 좀 더 많은 상인들과 교분을 쌓아가며 본격적으로 교역과 중개 업무를 시작했다. 알렉산드리아 재계의 유력자들이 이드란 상회에 적극적으로 투자를 했고 총독부와 상인 조합에서도 마르코스의 일을 도와주었다.
 "수급량을 조절할 필요가 있을 것 같습니다."
 현황표를 들여다보면서 다브네스가 자신의 의견을 말했다.
 "곡물 확보에 너무 속도를 냈나?"
 알렉산드리아에서 다시 문을 연 이드란 상회는 마르코스의 기민한 판단과 아레스의 수완 그리고 다브네스의 신속한 처리가 조화를 이루어 벌써 재고 물량을 걱정해야 할 정도로 거래량이 늘어나고 있었다.
 "적정 재고량을 넘어섰거든요."
 마침 부두에 나갔다가 돌아온 아레스에게 마르코스가 넌지시

물었다.

"아레스, 카이사랴 쪽으로 가는 물량을 제한했다고?"

"네. 그래서 불만이 많습니다."

"좋아, 요구하는 대로 다 실어 줘도 되겠어."

아레스가 어리둥절하여 그를 보았다.

"그래도 되겠습니까?"

"재고 수준을 조절하려는 거야, 아레스."

"아……"

"그런데, 셀류기아 쪽의 상황은 지금 어때?"

오론테스 강 하구의 셀류기아는 안티오키아를 경유하여 바벨론 지역까지 드나드는 물동량을 처리하기 위해 셀류코스 1세가 건설한 항구였다.

"아직 반응이 없습니다."

수리아 지역의 대리점을 복구하지는 못했으나 그쪽에 거래가 있는 상인들 편에 알렉산드리아에서 이드란 상회의 본점이 다시 문을 연 것과 주로 취급하는 품목들을 미리 알려 놓았던 것이다.

"품목별 수요의 추세가 어떤지 좀 알아봐."

다브네스가 의견을 말했다.

"소문에 의한 추리도 좋겠지만 아무래도 수리아 지역의 유통망을 정비해 놓아야 그 쪽의 정확한 정보를 입수할 수 있을 것 같군요."

셀류기아를 통해 안티오키아로 들어가는 물량은 수리아 지역의 수요를 위한 것이었다. 수리아 지역의 판매망을 재건할 의사가 있다면 도와주겠다던 율리아의 제의가 생각났다. 새 황제는

수리아 총독 페트로니우스를 로마로 불러들여 관방장관에 임명
했으나 그의 딸 율리아는 어찌 되었는지 알 수가 없었다.
 "이번에 건너가면 그 쪽을 짚어봐야겠군."
 "직접 가시려구요?"
 "음, 카이사랴 쪽의 선주들을 만나볼 일이 있어서."
 알렉산드리아에 본점을 개설하고 본격적으로 업무를 시작하여 그 일에 매달려 온 것도 벌써 반년을 훌쩍 넘어서고 있었다. 카이사랴 항구와 사마리아 지역의 대리점들을 정비하는 일들이 시급해졌다.
 "다브네스, 이곳의 일을 혼자서도 해낼 수 있겠어?"
 그녀의 눈이 커졌다.
 "아레스도 데리고 가시나요?"
 "그래야 할 것 같은데."
 이미 3명의 직원을 더 채용했으나 그녀의 대답이 관건이었다.
 "중요한 계약과 수주를 미리 다 결정해 놓으신다면 안 계시는 동안의 뒤처리는 제가 할 수 있을 것 같아요."
 "혼자서 판단하기 어려운 일이 있을 때엔 베가님의 도움을 청하면 될 거야. 그분은 내 아버지와 매우 가까운 사이였거든."
 "네, 저도 그 생각을 하고 있었어요."
 아레스가 그녀를 격려하며 말했다.
 "제가 보기에도 다브네스의 능력은 탁월한 것 같군요."
 그 때 밖에서 갑자기 요란한 피리 소리가 울리기 시작했다. 그리고 소고와 수금 소리까지 끼어들어 장단을 맞추고 있었다.
 "이게 뭐지?"

아레스가 바깥쪽을 내다보며 말했다.

"거리에 마술사 일행이 들어온 모양이더니……."

"마술사?"

대형 곡마단에 소속된 거물급 마술사라면 연극장에서 공연을 할 것인데 길거리에 나타났다는 것은 손재주를 배운 지 얼마 안 되는 신출내기인 모양이었다. 잠시 뭔가를 생각하고 있던 마르코스가 자리에서 일어섰다.

"그래, 마술사야."

그는 사무실을 나와 사람들이 모여 있는 곳으로 다가갔다. 욥바의 부두에서 보았던 것과 마찬가지로 번쩍거리는 외투를 걸친 마술사가 지팡이를 돌려가며 구경꾼을 끌어모으고 있었다. 그리고 마르코스가 기다리던 장면이 나왔다. 그가 돌리던 지팡이가 노끈으로 변하자 마술사는 람다형 가위를 집어들었다.

"여러분, 잘 보세요. 이 노끈을 자르겠습니다."

그는 람다형 가위로 노끈의 한 가운데를 싹둑 잘랐다. 그러나 마술사가 크게 소리를 지르자 노끈은 다시 한 개로 이어졌고 그것은 다시 삽시간에 지팡이로 바뀌었다. 그것을 지켜보며 마르코스의 눈이 날카롭게 빛나고 있었다.

"재단사가 아니라…… 마술사였어."

마르코스 요안네스

  율리우스 카이사르의 양자 옥타비아누스가 악티움 해전에서 안토니우스를 제압한 지 4년 후 로마 원로원은 그에게 아우구스투스 카이사르라는 경칭을 헌정했다. 헤롯 1세는 자신이 안토니우스 쪽에 붙어 있었음에도 불구하고 그를 유대 왕으로 인정해준 아우구스투스에게 감사를 표하기 위해 서해안에 새 항구를 건설하여 항구의 이름을 카이사랴로 명명했다.

  "옥타비아누스……"

  율리우스가 살해당하자 헬라에서 돌아온 옥타비아누스는 즉시 권력 투쟁에 뛰어들어 집정관이 되었고 30세에 안토니우스와 제국의 권력을 양분했다. 그리고 2년 후에 악티움 해전에서 그를 격파하고 제국을 손에 넣었던 것이다.

  "남자의 30세."

  알렉산더가 페르시아에서 애굽에 이르는 대제국을 건설한 것이 30세 때였고 그 나이에 옥타비아누스는 로마의 집정관이 되었다. 나사렛의 예수가 집을 떠나 본격적으로 활동을 시작한 것도 30세 때였다. 그리고 이제 마르코스 요안네스의 나이도 그 30세가 되어 있었다.

"욥바 항보다 훨씬 깨끗하고 아름답군요."

아레스가 멀리 보이는 총독궁과 새 시가지 그리고 파란 하늘을 가로지르는 고가수로를 보며 감탄을 연발했다. 스트라톤의 망대가 있던 자리에 헤롯 1세가 12년에 걸쳐 완공한 카이사랴는 역대 유대 총독들의 수도가 되었다.

"새 황제가 즉위한 지 이태가 지났는데도……"

마르코스가 입 속으로 중얼거렸다.

"어쩐지 좀 살벌하군."

넓이가 120규빗 정도나 되는 거대한 방파제와 견고하게 설계된 부두, 그리고 높다란 망대마다 무장한 군인들이 보였다.

"이탈리아 부대가 주둔하고 있거든요."

칼리굴라가 살해당한 직후 카이사랴에 파견된 이탈리아 부대는 이탈리아 출신의 로마인으로 조직되어 황제에게 충성하는 정예부대였다.

"특수 임무가 있으니까."

마르코스도 율리아의 동료인 크라투스에게서 들은 바가 있었다.

"아그립바 왕을 감시하는 임무요?"

황제 직속의 이탈리아 부대는 아주 위급한 경우가 아니면 국외로 파견되는 일이 없었다. 아레스의 말대로 그 부대가 카이사랴에 파견된 것은 아그립바 왕을 감시하기 위해서였다. 살해당한 칼리굴라와 동문수학한 친구 사이였던 아그립바가 클라우디우스 황제를 후계자로 추대하는 데 공이 컸다고는 하나 변덕스러운 그가 언제 또 변심할지 모르기 때문이었다.
"정직하지 않으면 늘 감시를 받게 마련이지."
아레스가 정보를 더 제공했다.
"그 부대에 특이한 인물이 있더군요."
"누구 말인가?"
"백부장 코넬리우스."
"군단급 부대가 나와 있는데 백부장이 뭐가 특이해?"
"사비누스 장군의 아들이거든요."
동료들과의 신의를 지키기 위해 자결의 길을 택하기는 했으나 사비누스 장군은 로마 군부의 존경을 받던 인물이었다.
"어떤 사람이래?"
"성품이 그 부친을 많이 닮은 모양이더군요. 가난한 자들과 병든 자들을 보살피는 일에 마음과 재물을 많이 쓴다는 소문이 있습니다."
"그래?"
배에서 내린 마르코스와 아레스는 통관 절차를 끝내고 곧장 샤론 지역의 대리점 계약을 요청했던 라기스 상점을 찾아 점주 말론을 만났다. 이미 알렉산드리아에 와서 만난 적이 있는 말론이 달려나와 그들을 맞았다.
"어서 오십시오."
마르코스가 그의 손을 마주 잡으며 물었다.
"곡물 수요가 늘어나고 있습니까?"
"3년 전부터 작황이 계속 좋지 않네요."

칼리굴라가 모든 속주에 자신의 신상을 세우라고 명령했던 것이 3년 전이었다. 그 때부터 모든 속주에서 유대인들의 폭동이 시작되었던 것이다. 그 땅은 비를 흡수하는 땅이라고 경고했던 모세의 말을 다시 떠올리며 마르코스는 고개를 끄덕였다. 그는 말론에게 자신의 호의를 전했다.

"추가 물량을 요청하신 대로 선적하도록 조치해 놓았습니다."

말론이 반색을 했다.

"감사합니다. 그것 때문에 걱정을 많이 했거든요."

마르코스는 말론의 판매망을 상세하게 점검한 다음 예정했던 대로 정식 대리점 계약을 체결했다. 말론이 계약서에 인장을 누르면서 물었다.

"사마리아 지역은 어떻게 하실 겁니까?"

"현지를 직접 둘러본 다음에 결정을 하려구요."

"이번에 세바스테까지 들르시나요?"

"알렉산드리아의 일이 너무 오래 걸려서 우선 예루살렘으로 돌아갔다가 다시 나와야 할 것 같습니다."

"사마리아까지 판매망을 확장하시려면 수송 방법을 잘 살피세요."

"무슨 말씀이죠?"

"요즘 강도 사건이 자주 발생하거든요."

"아……"

경기가 좋지 않으면 강도가 들끓게 되고 날이 갈수록 그 규모는 점점 커지게 마련이었다. 특히 내륙 지역을 담당한 대리점들이 수송 과정에서 여러 번 강도를 당하면 도산을 하는 경우도 있었던 것이다.

"그 때문에 저도 전문 경호 조직의 도움을 받고 있습니다."

"경호 조직이라니요?"

"수리아 총독이 바뀐 후로 총독 직속의 보안대가 해체되었는데 그들 중 일부가 돌아가지 않고 남아서 피데스라는 경호 업체를 만들었거든요."

피데스는 로마어로 믿음이라는 의미였다.

"그들의 책임자가 누군데요?"

"보안대 요원이었던 크라투스 필롤로구스."

"아……."

그는 율리아의 동료였던 것이다.

"혹시, 아는 사람입니까?"

"전에 몇 번인가 만난 적이 있지요. 그가 지금 카이사랴에 있나요?"

"본부는 안티오키아에 있지만 지금 여기 와 있습니다. 이탈리아 부대의 백부장을 만나러 온 모양이더군요."

"코넬리우스 백부장?"

말론 점장이 놀라며 그를 바라보았다.

"그분을 아십니까?"

"아뇨, 그냥 이름만 들었습니다."

42

마르코스 요안네스

　말론 점장과 모든 협의를 마친 마르코스와 아레스는 라기스 상점을 나섰다. 헤롯 1세가 건축한 아우구스투스 신전의 웅장한 자태가 보이고 있었다. 두 사람은 말론 점장에게 인사를 하고 라기스 상점에서 제공한 말에 올랐다.
　"이제 어디로 가실 꺼죠?"
　"총독궁으로 간다."
　경호 업체 피데스를 이끌고 있다는 크라투스 필롤로구스가 코넬리우스 백부장을 만나러 왔다고 들었기 때문에 그를 만나기 위해서였다.
　"이상하군요."
　항구 대로를 따라 천천히 말을 몰고 있던 아레스가 고개를 갸웃거렸다.
　"뭐가?"
　"크라투스라는 자가 총독 직속의 보안대 요원이었다면 왜 로마로 돌아가지 않고 속주에 남았을까요? 로마로 귀임한 페트로니우스 총독이 그들을 훨씬 더 좋은 자리에 발탁해 줄 수도 있었을 텐데."

"그야 본인의 취향 나름이겠지."

"그런데, 왜 그 사람을 만나려는 거죠?"

"경호 문제를 잘 살피라던 말론 점장의 말을 잊었어?"

총독궁의 정문 가까이 이르렀을 때 마르코스는 말을 멈추었다. 아레스가 보니 그는 총독궁에서 나오고 있는 세 필의 말을 바라보고 있었다. 말에 타고 있는 세 사람 중 하나는 군복 차림이었고 또 하나는 유대인의 베게드를 걸쳤는데 또 하나는 하얀 투니카를 입은 여자였다.

"아는 사람인가요?"

아레스가 어리둥절하여 그렇게 물었다. 총독궁에서 나온 세 필의 말과 그들의 말 두 필의 사이가 점점 가까워졌다. 마르코스가 먼저 인사를 했다.

"오래간만이군요, 율리아."

"아, 마르코스."

그녀는 마르코스의 이름을 기억하고 있었다. 마르코스는 베게드를 걸친 젊은이에게도 인사를 건넸다.

"우리도 오래간만이죠, 크라투스?"

아레스가 유대인의 복장을 한 크라투스를 유심히 살펴보고 있었다. 율리아가 함께 나온 로마 군관을 마르코스에게 소개했다.

"마르코스, 이분은 이탈리아 부대의 코넬리우스 백부장이세요."

그는 아직 첸투리아를 지휘하는 젊은 백부장이었으나 얼굴에 담겨진 경력의 흔적이 범상치 않아보였다.
"그럼 사비누스 장군의?"
"네, 맞아요."
마르코스가 그에게 고개를 숙여 그 부친에 대한 경의를 표했다. 율리아는 다시 그에게 마르코스를 소개했다.
"이분이 제가 말씀드렸던 그 다락방 집의 아드님이에요."
그러자 이번에는 백부장이 깜짝 놀랐다.
"그러면 이분이 마르코스 요안네스, 그분입니까?"
율리아는 방금 마르코스에게 했던 것과 똑같은 대답을 했다.
"네, 맞았어요."
율리아가 코넬리우스 백부장에게 마르코스에 관한 어떤 이야기를 들려주었는지 모르나 백부장의 목소리가 감동으로 떨리고 있었다.
"오늘은 정말 내가 복 받은 날이로군요."
그도 역시 마르코스의 집 다락방에서 있었던 사건들에 관해 알고 있는 모양이었다. 마르코스는 늘 자신의 집 다락방 때문에 그런 식으로 비범한 존재처럼 보이는 것에 부담을 느끼고 있었다. 율리아가 다시 그에게 물었다.
"그런데 마르코스, 카이샤라에는 어쩐 일이세요?"
갑자기 나온 질문에 당황한 그가 나오는 대로 대답을 했다.
"율리아 아가씨를 만나러 왔지요."
그의 말을 아레스가 끼어들어 정정했다.
"사실은 경호 문제를 의논하기 위해서 온 겁니다."
마르코스가 그제서야 웃으며 율리아와 코넬리우스에게 아레스를 소개했다.

"제 일을 도와주고 있는 아레스입니다."

그러자 코넬리우스 백부장이 두 팔을 펼쳐 보였다.

"자, 여러분의 사정이 모두 괜찮으시다면"

약간 들뜬 음성으로 그가 말했다.

"여러분을 모두 저의 집으로 초대하고 싶습니다."

"네?"

"오늘 저의 집에는 아주 굉장한 손님이 오시게 되어 있거든요. 아마도 오늘 저의 집에서 놀라운 사건이 일어날 것 같습니다."

마르코스 요안네스

    아름다운 건물들이 가득히 들어찬 카이사랴의 주택가는 그들로 하여금 마치 로마에 와 있는 것 같은 느낌이 들게 하고 있었다. 주로 로마의 관료들과 군관들 그리고 각국의 부유한 상인들이 거주하고 있는 구역이었다.
    "백부장께서는……"
    마르코스가 궁금했던 것을 물었다.
    "유대인의 신앙에 대해 관심이 많은 것 같은데 그런 계기가 있습니까?"
    코넬리우스는 잠시 생각에 잠겼다가 엉뚱한 대답을 했다.
    "저는 로마에서 태어나 로마에서 자라났습니다."
    아레스가 아는 체를 했다.
    "이탈리아 부대에 소속된 군인들은 거의가 그렇다고 하더군요."
    백부장은 카이사랴의 시가지를 바라보며 말했다.
    "아시다시피 로마는 신앙의 자유를 인정하고 있습니다. 그래서 세계의 모든 신들이 로마에 다 들어와 있지요. 로마에는 본래 유피테르, 유노, 베스타 등 많은 신들이 있지만……"

"헬라와 애굽의 신들도 있겠지요."

"그렇습니다. 헬라의 제우스, 헤라, 아테나, 포세이돈 등 여러 신들이 들어와 있고 애굽의 이시스와 오시리스와 호루스 또 아시아의 아르테미스에서 바벨론의 나부와 페르시아의 수쉬낙에 이르기까지 모든 신들이 로마에 들어와서 신들의 경연장을 이루고 있거든요."

"그래서요?"

"먼저 황제 칼리굴라가 3년 전에 한 일을 알고 계십니까?"

"로마에 들어온 모든 신들의 목을 자르라고……"

"그렇습니다. 로마에 있는 모든 신상의 목을 베고 그들의 머리 대신 자신의 머리를 만들어서 붙이라는 명령을 내렸습니다."

"대단한 광기였지요."

"당시 제가 그 신상들의 목을 자르는 임무를 맡았지요."

"아……"

"그런데 특이한 사실을 알게 되었습니다."

"뭐지요?"

"병사들을 이끌고 유대인의 회당에 들어가 그들의 신도 목을 베려고 했는데, 신상이 없었습니다. 저는 랍비에게 감춘 신상을 내놓으라고 위협했지요. 그러나 유대인의 신은 신상이 없다는 것이었습니다."

로마에서 태어나고 자란 코넬리우스가 몹시 놀랐을 것은 당연했다.

"그래서요?"

"제가 더욱 다그치자 랍비는 자신들의 두루마리 경전을 꺼내어 펼쳐 놓고 그것을 읽어 주었습니다."

마르코스가 그 대목을 짐작해서 외웠다.

"너희는 나를 비겨서 은이나 금으로 자신을 위해 신상을 만들지 말라."

그것은 출애굽기에 나오는 구절이었다.

"바로 그것이었습니다. 저는 보이지 않는 신을 믿는다는 그들의 말에 큰 충격을 받았지요. 그 후로 유대인의 회당에 드나들면서 랍비에게 유대인의 경전을 배우기 시작했습니다."

"……그랬었군요."

"랍비로부터 유대인의 경전을 배우면서 저는 점점 그 가르침에 공감하기 시작했습니다. 저는 비록 이방인이었으나 그 가르침이 옳고 또 선하다고 생각되어 거기 기록된 대로 실천하기 시작했지요."

"양을 잡아서 제사를 드렸나요?"

"아뇨, 그런 것은 레위 지파의 제사장이 할 일이고……"

거기까지 듣고 있던 율리아가 살짝 웃으며 사이에 끼어들었다.

"마르코스는 레위 지파 출신이에요."

그를 바라보는 코넬리우스의 눈에 부러움이 스쳐 지나갔다.

"특별한 은총을 입은 지파로군요."

"그 때문에 수난도 많이 겪었지요. 그런데, 제사를 드린 것이 아니라면 어떤 일을 실천했다는 겁니까?"

코넬리우스가 신명기에 기록된 모세의 당부를 들려주었다.

"너는 마음을 다하고 성품을 다하고 힘을 다하여 네 하나님 여호와를 사랑하라는 것이었습니다."

나사렛 예수는 그 대목을 인용하며 가장 큰 계명이라고 했었다.

"하나님을 어떻게 사랑했는데요?"

"그것을 잘 몰라서 랍비에게 물었더니 하루에 세 번씩 하나님께 기도하는 것이라고 하여 그렇게 했지요. 또 네 이웃 사랑하기를 네 몸과 같이 하라고 하여 그것도 역시 따라 했습니다."

이웃을 사랑하라는 구절은 레위기에 있었다. 예루살렘 폭동 때 율리아가 폭도들로부터 베다니의 병자들을 지키기 위해 그것을 인용한 적이 있었다. 나사렛의 예수도 하나님을 사랑하는 것과 이웃을 사랑하는 것은 같다고 가르쳤다.

"이웃 사랑은 어떻게 했나요?"

"속이지 말고, 거짓말을 하지 말고, 이웃을 때리거나 약한 자의 것을 빼앗지 말고, 귀먹은 자를 저주하지 말고, 소경 앞에 장애물을 놓지 말고, 소득의 십일조를 드려 레위인과 객과 고아와 과부에게 돌아가도록 할 것이며……"

"그런 것을 다 했단 말입니까?"

코넬리우스는 다소 수줍어하며 끄덕였다.

"나그네와 고아와 과부를 돌보는 데는 힘을 많이 썼으나"

그는 빠뜨린 것도 있음을 고백했다.

"다만 레위인에게 주라는 것은 어떻게 해야 할지 몰라서 못했지요."

아레스가 웃으며 농담을 했다.

"그러면 이제부터 레위 지파 출신인 마르코스님에게 드리면 되겠네."

그러나 마르코스는 따라 웃을 수가 없었다.

"당신은 유대인도 제대로 못하는 것을 하고 있었군요."

"아닙니다. 다만 저는 그렇게 하면서 전에는 알지 못했던 삶의 기쁨을 느끼며 살아왔습니다. 그것만으로도 참으로 감사한 일이지요."

"그런데…… 오늘 어떤 분을 댁에 모신다는 것입니까?"

"나흘 전이었습니다. 제가 늘 하던 습관대로 제9시에 하나님께 기도를 드리는데 환상 중에 천사가 들어와 저를 불렀습니다."

"불렀다구요?"

마르코스는 아직 천사를 본 적이 없었다.

"제 이름 코넬리우스를 불렀지요."

"그래서요?"

"제가 떨리는 목소리로 주여, 무슨 일입니까? 라고 물으니 그분이 대답하기를 네 기도와 구제가 하나님 앞에 상달하여 기억하신 바가 되었으니 네가 지금 사람을 욥바에 보내어 페트로스라 하는 시몬을 청하라, 저는 갓바치 시몬의 집에 우거하고 있는데 그 집은 해변에 있느니라……"

"네?"

마르코스가 놀라서 큰 소리로 반문하자 그가 되물었다.

"페트로스를 아시지요?"

헬라어의 페트로스는 아람어로 게바, 즉 반석이라는 뜻이었다. 율리아가 다시 끼어들며 아는 척을 했다.

"물론 잘 알고 있지요. 페트로스와 그의 동료들이 마르코스님의 집 다락방에서 나사렛의 예수와 마지막 만찬을 나누었고 또 오순절에는 그 장소에서 예수의 제자들 모두가 성령의 세례를 받았으니까요."

마르코스가 코넬리우스에게 다시 물었다.

"그래서 욥바에 사람을 보냈나요?"

"물론이죠. 부하 중에서 하나님을 신실하게 섬기는 경건한 군관 하나를 뽑아서 하인 둘과 함께 급히 보냈습니다. 그리고 그 병사가 오늘 아침에 먼저 달려와 지금 그분이 오고 계신다는 소식을 전한 것입니다."

마르코스가 놀란 것은 그가 게바를 초청했다는 것만이 아니었다. 어떻게 게바가 이방인 코넬리우스의 초청에 그리 쉽게 응했느냐는 것이었다. 나사렛 예수의 제자들은 유대인들의 비방이 두려워 이방인과 함께 앉아서 식사를 하는 것까지도 삼가며 조심하고 있었던 것이다.

마르코스 요안네스

코넬리우스 백부장의 안내를 따라 그의 집에 들어간 마르코스는 놀라지 않을 수가 없었다. 코넬리우스의 가족들은 물론이고 그의 친척들과 하인들과 그들의 가족, 그리고 그의 동료들까지 많은 사람들이 모여 있었던 것이다. 코넬리우스는 그들에게 먼저 마르코스를 소개했다.

"여러분, 예루살렘의 마르코스 요안네스님을 소개합니다."

사람들이 의아하여 바라보자 그가 다시 말했다.

"오늘 저의 집에 오시는 게바님께서 나사렛의 예수 그분과 마지막 만찬을 나누었다는 장소가 이분의 집 다락방이었습니다."

"아……"

사람들이 일제히 탄성을 지르며 그를 바라보았다.

"그리고 여기 있는 율리아 아가씨는 로마의 관방장관이며 프로 콘술이신 푸블리우스 페트로니우스 각하의 따님이시고 그 옆에 서 있는 크라투스 군은 원로원 필롤로구스 의원의 자제입니다."

그는 다시 아레스도 그들에게 소개했다.

"이분의 이름은 아레스이고……."

바로 그 때 밖에서 누군가 뛰어 들어오는 소리가 들렸다. 코넬리우스의 명령을 받고 욥바에 갔던 군관 리누스였다. 그가 백부장에게 보고했다.

"게바님께서 도착하셨습니다."

그러자 모여 있던 사람들이 모두 자리에서 일어섰고 코넬리우스는 달려나가 문으로 들어서는 게바 앞에 엎드려 절을 했다. 마르코스가 내다보니 갓바치 시몬과 글로바 외에도 욥바 사람 네 명이 그를 수행하고 있었다. 게바가 허리를 굽혀 코넬리우스 백부장을 잡아 일으켰다.

"일어서시오, 나도 사람입니다."

코넬리우스가 그를 집안으로 안내했다. 게바가 거기 모여 있는 사람들을 보고 그들 모두를 앉게 한 후에 말했다.

"유대인으로서 이방인과 교제하거나 가까이 하는 것이 위법인 것을 여러분도 잘 아실 것이라고 생각합니다."

모두의 얼굴이 굳어지는 것을 보며 그가 말했다.

"그러나 하나님께서 내게 아무도 속되거나 부정하다 여기지 말라고 세 번이나 지시하셨으므로 초청을 사양하지 않고 이곳에 왔습니다."

그제서야 긴장하고 있던 사람들의 얼굴에 화색이 돌았다. 게바는 다시 코넬리우스를 바라보며 물었다.

"무슨 일로 나를 불렀습니까?"

코넬리우스가 공손한 자세로 그에게 대답했다.

"나흘 전 이 집에서 제9시로부터 이맘때까지 기도를 하는데 홀연히 한 사람이 빛나는 옷을 입고 제 앞에 서서 이렇게 말했습니다. 코넬리우스, 하나님이 네 기도를 들으시고 네 구제를 기억하셨으니 사람을 욥바에 보내어 페트로스라 하는 시몬을 청하라. 그가 바닷가에 있는 갖바치 시몬의 집에 있느니라……"

그의 말을 주의 깊게 듣고 있던 게바가 다시 물었다.

"그래서요?"

"제가 즉시 사람을 보냈는데 이렇게 오셨으니 잘 하셨습니다. 제 집에 온 모든 사람들이 주님께서 당신에게 명하신 모든 것을 듣고자 하여 이렇게 하나님 앞에 다 모여 있습니다."

게바가 그 대답을 듣고 다시 입을 열었다.

"내가 이곳에 와서 보니 참으로 하나님은 사람을 생긴 모습으로 판단하지 않으시고 어떤 나라에서든 그분을 사모하며 의를 행하는 사람마다 다 받으신다는 것을 알게 되었습니다."

그는 곧 나사렛 예수의 복음을 전하기 시작했다.

"아인가림의 요한이 세례를 반포한 후에 하나님께서 만유의 주이신 예수 그리스도를 통해 이스라엘 자손들에게 보낸 화평의 복음이 갈릴리에서 시작되어 온 유대에 두루 전파된 그것을 여러분도 아실 것입니다."

그러자 모든 사람들이 다 무릎을 꿇으며 그 말을 받았다.

"저희도 그 소문을 전해 듣고 있었습니다."

게바가 말을 계속했다.

"하나님이 나사렛 예수에게 성령과 능력을 기름 붓듯 하셨으므로 그분이 두루 다니시며 착한 일을 행하시고, 마귀에게 눌린 모든 자를 고치셨으니 이는 하나님이 그분과 함께 하셨기 때문입니다."

그러자 무릎을 꿇은 코넬리우스가 그것을 시인했다.

"아멘."

게바의 음성에 더욱 힘이 실렸다.

"우리는 유대인의 땅과 예루살렘에서 그분이 행한 모든 일의 증인입니다. 땅의 권세를 가진 자들이 그분을 나무에 달아 죽였으나 하나님이 사흘만에 다시 살리셨습니다. 죽은 자 가운데서 일어나신 그분은 모든 사람에게 자신을 나타내시지 않고 오직 다시 사신 그분을 모시고 음식을 먹은 우리에게 나타내셨기에 우리가 그분이 미리 택하신 증인들, 곧 사도라고 불리게 된 것입니다."

이번에는 모든 사람들이 함께 화답했다.

"아멘."

게바의 말이 계속되었다.

"하나님께서 우리에게 명하사 백성에게 그 모든 일을 전하게 하셨습니다. 즉 하나님이 산 자와 죽은 자의 재판장으로 정하신 사람이 곧 이 분인 것을 증거하게 하셨고 그에 대하여 이미 모든 선지자도 증거하기를 그분을 믿는 사람들이 다 그의 이름을 힘입어 죄 사함을 받는다고 했습니다."

게바가 거기까지 말했을 때 마침내 큰일이 일어났다. 말씀을 듣고 있던 모든 사람들에게 놀라운 변화가 일어나기 시작했던 것이다. 큰 소리로 여러 가지 방언을 말하는가 하면 온 몸을 떨며 기도하는 사람도 있고 가슴을 쥐어뜯으며 통곡하는 사람들도 있고 아예 쓰러지는 사람도 있었다. 글로바와 갖바치 시몬도 놀랐지만 가장 놀란 사람은 게바 자신이었다.

"오, 나의 주여. 이는 바로 마르코스의 다락방에서 일어났던 그 때의 일과 똑같은 것이 아닙니까?"

그들 가운데서 마르코스와 아레스도 놀라서 당황하고 있었다. 코넬리우스를 따라 왔던 율리아와 크라투스, 그리고 코넬리우스의 동료들과 병사들까지도 눈물을 쏟으며 입에서 이상한 소리를 내고 있었던 것이다.

"이게 도대체 무슨 일인가?"

게바의 말대로 그것이 마르코스의 집 다락방에서 있었던 것과 같은 성령 강림 사건이라면 그것은 대단히 불공평한 사건이 아닐 수 없었다. 거기 모여 있는 모든 이방인들이 다 성령을 받았는데 유대의 레위 지파 출신인 마르코스와 유다 지파 출신의 아레스만 그들 가운데 아무 일도 없이 서 있었던 것이다.

"이 사람들이 다 우리와 같이 성령을 받았으니"

게바가 큰 소리로 외쳤다.

"누가 감히 이들에게 물로 세례 주는 것을 금할 것인가?"

게바는 생각하면 즉시 행하는 사람이었다. 그는 글로바와 갖바치 시몬의 도움을 받아 성령 받은 이방인들에게 세례를 주기 시작했다.

"코넬리우스, 내가 성부와 성자와 성령의 이름으로 네게 세례를 주노라."

게바가 이방인들에게 일일이 세례를 베푸는 동안 아레스는 마르코스의 안색을 살피고 있었다. 120명에 달하는 사람들이 그의 집 다락방에서 성령을 받았다. 그리고 지금 이방인 코넬리우스의 집에 모인 이방인들이 그의 눈앞에서 그 때와 똑같은 일을 경험하고 있었다.

"마르코스, 너는 지금 어떤 신을 섬기고 있는가?"

그런 음성이 마르코스의 귀에 들려오고 있는 것 같았다.

마르코스 요안네스

"유월절의 양을 잡는 날에 유월절 식사를 어디에 준비하면 좋겠느냐고 우리가 주님께 여쭈었습니다. 그분께서 제자 중 둘을 보내시며 성내로 들어가면 물 한 동이를 가지고 가는 사람을 만날 것이라고 하셨지요."

코넬리우스의 간청으로 게바는 그의 집에 며칠을 더 묵으면서 세례를 받은 사람들에게 나사렛 예수의 이야기를 들려주었다.

"정말 그런 사람을 만났나요?"

"그렇습니다. 주님께서 일러 주신 대로 그를 따라가 보니 바로 여기 있는 마르코스의 집 다락방이었습니다."

"오……."

사람들의 시선이 모두 마르코스를 향하자 그가 어깨를 추켜올렸다.

"실은 제 어머니의 집이지요."

게바가 고개를 끄덕였다.

"그렇습니다. 주님께서 일러주신 대로 마르코스의 모친에게 우리 선생님께서 제자들과 함께 유월절 식사를 할 객실이 어디 있느냐고 물었더니 정말 자리를 베풀고 예비된 큰 다락방을 보여 주더군요."

그 때 밖에 나갔다가 돌아온 아레스가 가만히 들어와 마르코스의 귀에 대고 속삭였다.

"세바스테보다 먼저 예루살렘으로 가 봐야 할 것 같습니다."

마르코스와 아레스는 사마리아 지역에 판매망을 구축하기 위해 세바스테로 갈 예정이었던 것이다.

"왜?"

"곡물의 주문이 폭증하고 있습니다."

"그래?"

"유대 전역에 식량 부족이 심각한 모양입니다."

카이사랴에서 예루살렘으로 곧장 가려면 안티파트리스를 거쳐 아리마대 길을 따라 올라가야 했다. 마르코스가 아레스의 보고를 듣고 있는 동안 코넬리우스는 여전히 게바의 이야기에 귀를 기울이며 질문을 계속하고 있었다.

"저녁을 드시며 무슨 말씀을 하셨습니까?"

"자네들 중에서 한 사람 곧 나와 함께 저녁을 먹는 자가 나를 팔 것이라고 하셨지요. 모두들 놀라며 누구냐고 여쭈어 보았으나 대답을 하지 않으셨습니다. 나중에 모든 일이 벌어지고 나서야 그것이 돈을 받고 선생님을 고발한 가룟 유다를 가리켜 말씀하신 것임을 알게 되었지요."

"그는 어찌 되었습니까?"

"죄 없는 선생님이 사형 판결을 받게 되자 스스로 목을 매어 죽었습니다."

"아아……"

사람들이 탄식을 하자 게바가 말했다.

"그러나 주님을 배반한 제자가 가룟 유다만은 아니었습니다."

"네?"

"그분께서 자신의 몸이라고 하시며 떡을 떼어 나누시고 또 언약의 피라고 하시며 포도주를 돌리신 다음 우리가 다락방에서 나와 감람산으로 갈 때에 그분이 말씀하셨습니다. 자네들이 다 나를 버릴 것이라고."

"뭐라구요?"

그것은 목자를 치면 양들이 흩어질 것이라고 한 스가랴서의 기록을 인용한 것이었다. 그 말을 하면서 게바의 얼굴이 어두워졌다.

"내가 얼른 말씀드렸습니다. 제자들 모두가 선생님을 버리더라도 저는 그렇게 하지 않을 것이라고. 그러나 주님께서 말씀하셨지요. 오늘 밤 닭이 두 번 울기 전에 자네가 세 번 나를 부인할 것이라고."

"정말 그랬습니까?"

"주님께서 대제사장과 장로들이 보낸 자들에게 잡혀 대제사장 가야바의 집으로 끌려가실 때 제자들이 모두 달아났으나 그래도 나는 멀리서 거리를 두고 그분을 따라갔습니다. 대제사장의 집 아래 뜰까지 들어가 그곳 하속들과 함께 불을 쬐는데 그 집 여종 하나가 다가오더니 나를 가리키며 말하더군요."

"뭐라고 했나요?"

"당신도 나사렛 예수와 함께 있었다고."

"그래서요?"

"네가 무슨 말을 하는지 모르겠다고 말하며 앞뜰 쪽으로 갔는데 그 아이가 다시 따라오며 사람들에게 말하기를, 이 사람도 한 패라고 하더군요. 나는 또 고개를 저으며 아니라고 했지요. 그러자 또 사람들이 당신은 갈릴리 사람 같은데 틀림없이 그와 한 패라는 겁니다."

"또 부인했나요?"

"나는 당신들이 말하는 그 사람을 알지 못한다고 했지요."

사람들이 탄식을 하며 손가락을 꼽았다.

"세 번……"

"그러자 곧 닭이 두 번째 울었습니다. 그제서야 닭이 두 번 울기 전에 나를 세 번 부인하리라던 주님의 말씀이 생각나서 통곡하며 그곳을 떠났지요."

그의 말을 듣고 있던 사람들이 모두 눈물을 흘렸다. 율리아도 울고, 크라투스의 눈에도 눈물이 가득히 고였고 코넬리우스도 손등을 눈에 대고 있었다. 그 때 밖에서 군관 리누스가 들어오더니 코넬리우스 백부장에게 보고했다.

"어떤 분이 게바님을 찾아오셨습니다."

모두들 의아하여 그를 바라보았다. 백부장이 그에게 물었다.

"누구라고 하시더냐?"

"빌립이라고 하시던데요."

그러자 글로바가 게바에게 말했다.

"빌립 집사인 모양입니다."

사도 빌립은 예루살렘에서 교회의 재정을 맡고 있기 때문에 카이사랴로 게바를 찾아온 이는 일곱 집사 중의 하나인 빌립이라고 생각했던 것이다. 그는 사마리아 지역에서 전도에 힘쓰는 중이었고 세바스테에서는 마술사 시몬에게까지 세례를 주었던 사람이었다. 게바가 코넬리우스에게 부탁했다.

"들어오도록 허락해 주시지요."

코넬리우스가 병사에게 지시했다.

"안으로 모셔라."

잠시 후 병사의 안내를 받으며 들어온 사람은 역시 빌립 집사였다. 많은 사람들이 모여 있는 것을 보고 다소 당황했던 빌립은 그들 속에서 게바를 발견하고 정중하게 고개를 숙였다.

"사도께 문안을 드립니다."

빌립은 유대인들이 꺼리던 사마리아 지역에서 복음을 전할 정도로 개방적인 사람이었다. 그러나 이방인에게 세례를 베풀고 이방인의 집에서 머물고 있던 게바는 마음에 걸리는 바가 있어 그에게 미리 물었다.

"나를 나무라기 위해서 찾아왔는가?"

"네?"

"내가 이방인에게 세례 베푼 사실을 알고 왔는지 묻는 걸세."

그러자 빌립이 깜짝 놀라며 되물었다.

"그런 일이 있었습니까?"

게바 역시 놀란 표정이 되었다.

"몰랐다면 공연히 말했군."

그러자 빌립의 입에서도 놀라운 말이 튀어나왔다.

"실은 저도 이방인에게 세례를 베풀고 오는 길입니다."

"무슨 말이야?"

"이레 쯤 전 기도하는 중에 주의 사자가 나타나 지금 즉시 남쪽으로 행하여 예루살렘에서 가사로 내려가는 길까지 가라는 지시를 받았습니다."

"그 길은 광야 길이 아닌가?"

가사는 해변의 육로를 따라 애굽으로 가는 길목에 있었다.

"지시받은 대로 가던 길에 두루마리를 펼쳐 든 채 수레를 타고 가는 관리를 만났습니다. 그는 에디오피아 여왕 간다게의 국고를 맡은 신하였는데 성령께서 제게 수레로 가까이 가라고 하시더군요."

"그래서?"

"제가 수레 근처까지 달려가자 글을 읽고 있는 그의 음성이 들렸는데 선지자 이사야의 글을 읽고 있었습니다. 제가 그에게 무슨 뜻인지 아느냐고 물었지요. 그가 말하기를 가르쳐 주는 사람이 없으니 어찌 깨달을 수가 있겠느냐며 제게 수레에 올라 함께 앉기를 권하더군요."

"그가 어떤 대목을 읽고 있었는데?"

빌립이 그가 읽던 구절을 게바 앞에서 암송했다.

 그가 사지로 가는 양과 같이 끌리었고
 털 깎는 자 앞에 있는 어린 양의 잠잠함과 같이
 그의 입을 열지 아니하였도다
 낮을 때에 공변된 판단을 받지 못하였으니

누가 가히 그 세대를 말하리요
　　그 생명이 땅에서 빼앗김이로다

그것은 나사렛 예수가 태어나기 7백년 쯤 전에 선지자 이사야가 기록해서 남겨 놓은 것이었다.

"그가 뭐라고 하던가?"

"이 선지자가 말한 것이 누구를 가리키는 것인지 묻더군요. 즉 자기를 가리켜 말하는 것인지 아니면 다른 이를 가리키는 것인지를요."

"그래서?"

"거기서 시작하여 선지자의 예언대로 예수 그리스도께서 오신 것과 그가 가르치시고 행하신 일들 그리고 당하신 일을 다 말해 주었지요. 그가 고개를 끄덕이고 있을 때 수레가 물 있는 곳에 이르자 돌연 수레를 세우더군요."

"수레를?"

"그가 말하기를 여기 물이 있는데 내가 세례를 받는 일에 무슨 거리낌이 있겠느냐고 물었습니다. 제가 보기에 이는 성령께서 명하신 일이라 그리 하자 대답하고 함께 물에 내려가 세례를 베풀었습니다."

"그래서 어떻게 되었는가?"

"그는 가던 길을 갔고 저는 성령께서 이끄시는 대로 아스돗 지역의 성들을 방문하여 복음을 전하며 사도께서 머무시던 욥바에 이르렀습니다. 그러나 또 카이사랴로 떠나셨다는 소식을 듣고 이렇게 달려온 것입니다."

그 말을 듣고 게바가 탄식하며 말했다.
"빌립, 자네와 나는 큰일을 저지른 셈이로군."
"네?"
"나도 여기 모인 모든 이방인들에게 세례를 베풀었거든."
그러나 빌립은 놀라지 않았다.
"이것은 성령께서 하신 일이며 선지자 이사야가 이미 예고한 것이니 우리가 잘못한 일은 아닙니다."
그는 다시 이사야서의 앞부분을 암송했다.

　내가 또 너로 이방의 빛을 삼아
　나의 구원을 베풀어서 땅끝까지 이르게 하리라

게바가 고개를 끄덕이며 말했다.
"그러나 유대인 형제들의 반발이 만만치 않을 거야."
게바는 급한 성격 탓에 때로는 과감하고 적극적이기도 했지만 나사렛 예수와 함께 다닐 실수나 실언을 자주하여 책망을 듣기도 했으므로 의외로 소심해진 면도 있었던 것이다.
"사도께서 그들을 설득하셔야 할 것입니다."
"나도 그럴 생각일세. 특히 빌립, 자네의 이야기를 들어보니 이는 성령께서 하시는 일임을 확신하게 되었어."
"저도 함께 예루살렘으로 가서 증언을 하겠습니다."
"아니야, 자네에게 부탁할 일이 있네."
"네?"
"자네가 에디오피아 여왕의 신하에게 세례를 베풀었듯이 나도 여기 모여 있는 모든 이들에게 세례를 베풀었어. 며칠 동안 여기 묵으면서 주님의 가르치심과 행하심을 전했으나 이제 내가 떠나면 누가 이들을 양육하느냐가 문제야."

"그래서요?"

"예루살렘의 형제들을 설득하는 것은 내게 맡기고 자네는 카이사랴에 남아서 이분들이 교회의 충성스러운 일꾼들이 되도록 길러 주게."

게바가 예루살렘으로 간다고 하여 낙심하고 있던 사람들이 그 말을 듣고 반색을 했다. 코넬리우스가 빌립 집사에게 매달렸다.

"집사님, 저희를 맡아 주십시오."

모여 있던 사람들도 일제히 소리를 질렀다.

"제발 부탁드립니다. 우리를 불쌍히 여겨 주세요."

빌립이 어쩔 수 없다는 듯 게바에게 물었다.

"사도께서는 언제 예루살렘으로 가실 예정이십니까?"

"성령께서 하시는 일을 보니 내가 머뭇거리고 있으면 안될 것 같네. 지금 당장 떠나야겠어."

"혼자서요?"

게바가 주위를 둘러보더니 말했다.

"욥바에서 온 시몬도 일 때문에 집으로 돌아가야 하고 글로바 역시 룻다에 할 일이 남아 있으니 아무래도 나 혼자 가야 할 것 같군."

그러나 갖바치 시몬과 글로바가 고개를 저으며 따라 나섰다.

"일단 사도를 따라 가겠습니다."

그리고 욥바에서 온 네 사람도 마찬가지였다.

"저희도 함께 가겠습니다."
그러자 아레스가 끼어들며 말했다.
"잘 되었네요, 우리도 예루살렘으로 가야 하는데."

마르코스 요안네스

　안티파트리스와 아리마대를 거쳐 예루살렘으로 올라간 마르코스는 우선 아레스를 성 안으로 들여보내 곡물의 수급 상황을 점검하도록 이른 후 게바의 일행과 함께 베다니로 향했다. 예측했던 대로 유대인 형제들의 얼굴이 굳어져 있었고 사도들과 집사들의 기색도 편치 못했다.

　"오래간만에 돌아왔군요, 게바."

　게바와 자주 함께 다녔던 요한이 먼저 인사를 했다.

　"모두들 평안하셨는가?"

　게바가 동료들의 얼굴을 둘러보는데도 모두들 입을 다문 채 그의 인사에 화답하는 이가 없었다. 마르코스의 외삼촌 바나바가 조카와 인사를 나눈 다음 분위기를 누그러뜨려 보려고 나섰다.

　"수고하셨습니다. 함께 오신 분 중에 낯선 분들도 있네요."

　게바가 욥바에서 온 사람들을 소개했다.

　"욥바에서 카이사랴로 갈 때 동행했던 형제들일세."

그러나 다른 사람들은 그들에게도 관심이 없는 것 같았다. 모두의 시선이 바리새파 사람으로 산헤드린의 공회원이었다가 나사렛 예수를 따르게 된 니고데모에게로 쏠렸다. 그가 나서며 게바에게 물었다.

"여기서 듣기에……"

"말씀하시오, 니고데모."

"당신이 이방인의 집에 들어가서 그들과 함께 지냈다는 것이 사실이오?"

그의 말투는 마치 산헤드린 공의회의 장로들이 나사렛 예수를 심문할 때처럼 냉랭하고 예리했다. 유대인들은 할례받지 않은 이방인과 함께 기거하거나 식사를 하는 것까지도 금기로 여기고 있었던 것이다.

"그렇소이다. 뿐만 아니라,"

니고데모의 질문에 게바가 거침없이 대답했다.

"그들에게 주님의 복음을 전하고 또 세례도 주었소이다."

제자들의 얼굴이 더 창백해졌다.

"그 사람들은 할례를 받은 자들입니까?"

"아뇨, 받지 않았지요."

할례는 아브라함의 때로부터 내려오는 유대인의 전통이었다. 그래서 할례는 하나님의 백성이 되는 우선적인 절차로 인식되고 있었다. 이방인에게 복음을 전하고 세례를 주었다면 할례의 절차라도 거쳤느냐는 질문이었는데 그렇게 하지 않았다는 게바의 대답을 듣고 질문하는 니고데모의 말투는 더 싸늘해졌다.

"게바, 그대는 사도 중에서 가장 연장이며 사도들을 대표하여

287

주님으로부터 천국의 열쇠를 받았소. 그럼에도 불구하고 그대는 할례받지 않은 이방인에게 세례를 주는 것이 합당하다고 생각했던 것이오?"

그러나 게바의 대답은 여전했다.

"주님께서 세례를 베푸실 때에도 할례 여부를 묻지 않으셨소이다."

"모두 유대인이니까 물을 필요가 없었겠지요."

"할례가 그렇게 중요한 것이라면……"

게바가 목소리가 가라앉았다.

"왜 주님께서 내가 카이사랴로 갈 때 그 곳으로 못 가게 막지 않으셨겠소?"

이번에는 나사렛 예수의 아우 야고보가 나섰다.

"그러나 형님 자신도 태어난 지 8일만에 할례를 받았다고 들었습니다."

예수의 아우인 그의 증언은 영향력이 컸다. 모두들 고개를 끄덕이며 하나님이 아브라함에게 지시하신 할례가 구원의 필수적인 조건임에 동의했다. 그러나 게바는 그런 말들에 굴복하지 않았다.

"나는 주님의 뜻을 따라 그곳에 간 것이오."

눈을 크게 뜨고 있는 동료들의 긴장이 그를 조여왔다.

"형제들이여, 들으시오."

게바가 차분하게 설명을 시작했다.

"내가 욥바에 있는 시몬의 집에서 제6시에 기도하기 위해 지붕에 올라갔을 때 갑자기 황홀한 가운데 환상이 보였소. 네 귀를 잡아맨 큰 보자기같이 생긴 그릇이 하늘로부터 내려오는데 자세히 보니 거기 각종 들짐승과 기거나 나는 벌레들이 가득히 들어 있었소이다."

"그래서요?"

그의 말을 재촉한 사람은 선지자 아가보였다.

"공중으로부터 한 음성이 들리는데…… 게바, 일어나 잡아먹으라."

형제들이 놀라며 일제히 부르짖었다.

"부정한 것들을 말입니까?"

율법서의 레위기에는 되새김질을 하고 굽이 갈라진 것 외의 다른 짐승을 먹지 못하게 했고 또 기어다니거나 날아다니는 벌레를 먹지 말아야 할 것은 물론이고 그 죽은 것도 만지지 말라고 되어 있었다.

"내가 대답하기를 주님, 그럴 수 없습니다…… 속되거나 부정한 것은 지금까지 결코 내 입에 들어간 일이 없다고 말씀드렸소이다."

비록 어부 출신이라도 그는 율법의 금기를 잘 지켜왔던 것이다. 그와 함께 가버나움에 살았던 요한이 그것을 인정했다.

"아브라함의 자손은 비록 어부일지라도 율법을 지키지요."

게바가 다시 그가 들은 것을 전했다.

"그러나 다시 음성이 들리는데, 하나님이 깨끗하게 하신 것을 네가 속되다고 하지 말라는 것이었소."

"그래서 어떻게 했소이까?"

"그런 일이 세 번이나 계속되었소. 그릇이 다시 내려오고, 나는 먹지 못하겠다며 버티고, 하나님이 깨끗하게 하신 것을 네가 속되다 하지 말라는 음성이 들리고, 또 그릇이 내려오고 나는 먹지 못한다며 버티고, 하나님이 깨끗하게 하신 것을 제가 속되다 하지 말라는 음성이 들리고…… 그렇게 똑같은 일이 세 번이나 계속된 후에 모든 것이 다시 하늘로 올라갔소이다."

"그런데요?"

"내가 본 그 환상이 무슨 뜻인지 이해할 수 없어 의아해 하고 있을 때 마침 세 사람이 시몬의 집 문 밖에 이르러 나를 찾고 있었소. 그들은 카이사랴의 코넬리우스라는 백부장이 보낸 사람들이라면서 시몬에게 묻기를……"

"뭐라고 물었소이까?"

갖바치 시몬이 그 대답을 대신했다.

"페트로스라 하는 시몬이 여기 계십니까, 라고 물었지요."

그리고 게바가 그 다음을 직접 말했다.

"그들이 묻고 있을 때 성령께서 내게 말씀하시기를 일어나 내려가서 의심하지 말고 함께 가라, 내가 그들을 보냈다고 하시는 것이었소."

"그래서 따라 갔다는 것입니까?"

"내가 욥바의 시몬과 글로바 그리고 여기 함께 온 네 형제와 함께 카이사랴로 따라가 그 집에 들어가니 나를 초청한 코넬리우스 백부장이 달려나와 엎드려 절하며 우리를 마중했소. 그가 말하기를……"

"뭐라고 하더이까?"

"그는 본시 유대인의 하나님을 사모하는 사람인데 기도하는 중에 천사가 나타나 말하기를 사람을 욥바에 보내어 페트로스라 하는 시몬을 청하라, 너와 네 온 집이 구원받을 말씀을 네게 이르리라고 했다는 거였소."

"그래서요?"

"내가 그들에게 나사렛 예수에 관하여 말할 때 성령이 그들에게 임하시었소. 마르코스의 다락방에서 우리에게 임하실 때와 똑같은 일이 벌어진 거요. 내가 그것을 보며 요한은 물로 세례를 베풀었으나 너희는 성령으로 세례를 받으리라고 하셨던 주님의 말씀이 생각났소이다."

그는 다시 니고데모를 바라보며 말했다.

"또 주님을 찾아왔던 니고데모 형제에게 주님께서 사람이 물과 성령으로 거듭나지 아니하면 하나님의 나라를 볼 수 없다고 하신 말씀도 생각나더군요."

니고데모의 눈에 감동의 빛이 서리고 있었다.

"그렇게 말씀하셨지요."

게바가 다시 형제들을 향해 확신에 찬 음성으로 말했다.

"우리가 주님을 믿을 때에 주신 것과 똑같은 선물을 하나님께서 그들에게도 주셨으니 내가 누구이기에 능히 성령의 길을 막아서며 하나님께서 분부하시는 일을 거역하겠소이까?"

그는 또 계속해서 말했다.

"한 가지 더 놀라운 일이 있소."

"무엇입니까?"

"내가 카이사랴에 있을 때에 가사에서 아스돗을 거쳐 올라온 빌립 집사가 내게 그가 겪은 일을 일러 주었소. 그가 성령께 이끌리어 예루살렘에서 가사로 가는 길을 따라 내려가다가 한 수레를 만났는데 에디오피아 여왕의 신하가 수레 위에서 선지자 이사야의 글을 읽던 중이었다는 것이오."

요한이 그에 대해서 알고 있었다.

"간다게의 국고를 맡은 신하가 예루살렘에 왔었지요."

다시 니고데모가 그에게 물었다.

"이사야서의 어떤 대목을 읽고 있었답니까?"

"그가 묻기를 선지자의 글에서 사지로 끌려간 양이 자신을 말한 것인가, 다른 사람을 가리켜 말한 것인가 하므로 그가 곧 나사렛 예수라 일러 주고 그 가르침과 행하심을 다 설명해 주었다고 하오. 그러자 여왕의 신하가 수레를 세우고 세례 받기를 원하므로 그렇게 했다는 것이오."

그가 적극적인 전도자임은 알고 있었으나 모두들 놀라지 않을 수 없었다.

"빌립 집사가 그런 일을?"

"이는 그가 아니라 성령께서 하신 일이오."

게바는 다시 형제들을 둘러보았다.

"형제들이여, 나와 빌립 집사에게 동시에 일어난 이 일이 성령의 지시라면 우리가 그것에 순종해야 되겠소, 아니면 거슬러야 하겠소?"

그것은 마치 산헤드린 공회가 게바와 요한을 소환하여 예수의 이름으로 가르치지 말라고 강요했을 때 게바가 당신들의 말을 듣는 것과 하나님 말씀을 듣는 것 어느 쪽이 옳으냐고 물었던 것과 똑같은 질문이었다. 형제들이 모두 입을 다물고 있을 때 열심당 출신의 시몬이 나서며 말했다.

"제 생각에는 하나님께서 이방인에게도 생명 얻는 기회를 주신 것 같습니다."

선지자 아가보가 그의 말에 동의했다.

"이사야서에도 너로 이방의 빛을 삼아 나의 구원을 베풀어서 땅끝까지 이르게 하리라는 말씀이 기록되어 있지 않습니까?"

그 때 남자들만 모여서 의논하고 있던 자리에 한 여인이 들어섰다. 밖에서 섬기는 일을 하고 있던 막달라의 마리아였다.

"안티오키아에 갔던 시몬님이 오셨습니다."

그것은 구레네의 시몬이 돌아왔다는 말이었다. 게바를 비롯한 사도들과 집사들과 모든 형제들이 다 일어나 팔을 벌리며 시몬을 맞이했다. 그들이 모두 달려들어 구레네의 시몬을 얼싸안을 때 사도 빌립이 웃으며 말했다.

"아무래도 오늘은 시몬의 날인 것 같습니다. 게바가 된 시몬, 욥바의 시몬, 열심당의 시몬 그리고 구레네의 시몬까지 다 모였으니 말입니다."

그러자 뒤에서 한 사람이 손을 들었다.

"여기도 시몬이 더 있습니다."

모두들 돌아보니 나사렛 예수의 아우 시몬이었다. 다소 굳어져 있던 형제들의 얼굴이 많이 편안해졌다. 게바가 먼저 안티오키아에서 온 시몬에게 물었다.

"그런데 어쩐 일입니까?"

"사도들께 보고드릴 일이 있어서 왔습니다."

"안티오키아의 형편은 어떻습니까?"

그는 잠시 말의 순서를 정리한 다음 입을 열었다.

"안티오키아의 형제들은 지금까지 거기 사는 유대인들에게만 말씀을 전하고 있었습니다. 그런데 제가 간 이후로는 구레네와 키프로스에서 복음을 받아 성령 충만한 형제들이 안티오키아에 많이 몰려왔지요. 그리고 주님께서 땅끝까지 이르러 내 증인이 되리라고 하신 말씀에 근거하여 헬라인들에게도 전도를 하기 시작했습니다."

"헬라인에게도?"

"주님의 권능이 그들과 함께 하셔서 수많은 사람들이 믿고 예수 그리스도께로 돌아오게 되었습니다. 이런 일들을 예루살렘의 사도들께서는 어떻게 생각하시는지 또 우리가 어떻게 해야 할지를 여쭈려고 제가 온 것입니다."

"그들이 헬라인이라면, 할례를 받았습니까?"

구레네의 시몬이 고개를 저었다.

"아뇨, 받지 않았지요."

깊은 생각에 잠겨 있던 니고데모가 입을 열었다.

"게바님께서 언급하셨던 대로 제가 13년 전 그날 밤에 주님을 찾아갔을 때 주님께서 제게 말씀하셨지요."

형제들이 모두 그의 말에 귀를 기울였다.

"사람이 물과 성령으로 거듭나지 않으면 하나님 나라를 볼 수 없다고 하시면서, 바람이 임의로 불매 네가 그 소리를 들어도 어디서 오며 어디로 가는지 알지 못하나니 성령으로 난 사람은 다 이러하다고."

그는 눈을 들어 위를 보았다.

"우리는 지금 게바를 통해 그 소리를 듣고 있습니다."

그리고 그날 밤에 나사렛 예수에게서 들었던 말을 되뇌었다.

"하나님이 세상을 이처럼 사랑하사 독생자를 주셨으니 이는 저를 믿는 자마다 멸망치 않고 영생을 얻게 하려 하심이니라."

믿는 자마다 영생을 얻으리라는 그 말을 모두들 감동으로 받았다.

"할렐루야."

그 날은 나사렛 예수를 따르는 무리들에게 역사적인 날이 되었다. 유대인의 혈통과 경계를 벗어나 모든 이방인에게 복음을 전하자는 일에 모든 형제들이 합의한 큰 날이었던 것이다. 그 일이 결정되자 안티오키아에서 온 구레네 시몬이 게바를 바라보며 다시 입을 열었다.

"사도들께 한 가지 부탁드릴 일이 있습니다."

게바가 그에게 물었다.

"무엇이오?"

"우리가 사도들로부터 듣고 배운 주님의 가르침을 유대인과 헬라인들에게 전하고 있으나 상황이 이토록 급하게 변하고 있으므로 좀 더 훌륭한 지도자 한 분을 안티오키아에 보내주셨으면 합니다."

"지도자를?"

"저희가 나름대로 열심히 하고는 있으나 복음을 받는 사람들이 예상 외로 크게 늘어나고 있어 때로는 그들을 가르치는 데 저희의 능력이 많이 부족하다는 것을 느끼고 있습니다."

게바가 그의 말을 듣고 있다가 고개를 들었다.

"주님께서 택하신 사도들 대부분이 어부이거나 농부였기 때문에 성령께서 가르치시는 대로 전한다고는 하나 우리도 시몬 형제와 똑같은 고민을 하고 있습니다. 그래도 예루살렘에는 니고데모 형제와 아가보 선지자 같은 분들이 계셔서 도움을 받고 있지만 안티오키아의 그런 사정에도 이해가 갑니다."

그는 잠시 숨을 돌렸다가 말을 이었다.

"내가 보기에는 지금 안티오키아에 도움을 줄 수 있는 사람이 하나 있습니다. 레위 지파 출신이어서 말씀의 근거를 설명하는 데도 익숙하고 또 한동안 키프로스에 살아 헬라어에도 능통한 바나바 형제가 어떻겠습니까?"

마르코스가 힐끗 보니 외삼촌 바나바가 상체를 내밀며 입을 열었다.

"저, 게바님."

"왜요? 내키지 않소이까?"

"사도들 중에도 레위 지파 출신이 계신데."

그것은 알패오의 아들 레위를 가리켜 말하는 것이었다. 그 이름이 말해 주듯 그는 레위 지파 출신이었다. 모두가 그를 바라보자 그가 말했다.

"바나바 형제의 말대로 제가 레위 지파 출신인 것은 사실입니다다만 모두 아시다시피 제게는 세리로 살아온 경력이 있습니다. 직업에 귀천이 있는 것은 아니나 저로 인해 우리 전체에 대한 평판이 나빠지는 것을 염려하여 아직은 제가 전면에 나서기를 삼가고 있거든요."

세리는 동포들의 세금을 가혹하게 거둬 로마에 바치는 일을 해왔으므로 유대인들 모두가 경멸하는 직업이었고 늘 창기와 동류로 천대 당하는 처지였다. 게바가 이해 한다는 듯 고개를 끄덕였다.

"하나님께서 필요한 시기에 레위 형제를 쓰시겠지요."

그는 다시 바나바를 바라보았다.

"바나바, 내 제안을 어떻게 생각하시오?"

"여러분의 뜻이 그러시다면 순종하겠습니다만……"

"조건이 있다는 거요?"

"저를 안티오키아로 보내시겠다면 한 가지 허락받고 싶은 것이 있습니다."

"말씀하시지요."

"지금으로부터 5년 전에 예루살렘에 와서 게바님께 인사드렸던 사울이라는 사람을 기억하십니까?"

나사렛 예수의 아우 야고보가 나서며 물었다.

"교법사 가말리엘의 문하였던 그 사람 말씀입니까?"

"그렇습니다. 우리 형제들을 체포하기 위해 다메섹으로 가다가 주님을 만나 회심했다는 그 사울입니다. 그가 지금도 타르소스에서 예수는 그리스도라고 열심히 전도하고 있다는 말을 들었습니다. 사도들께서 합의해 주시면 그를 안티오키아로 데려다가 함께 일하고 싶습니다만."

그가 회심하기 전에 워낙 무서운 핍박자였으므로 아무도 자신 있게 의견을 말하지 못하자 니고데모가 나섰다.

"그가 아직까지도 복음을 전하고 있다면 변심하거나 배반하지는 않을 것 같습니다. 사울이 알렉산드리아의 필로 같은 큰 학자와도 견줄만한 석학이었으니 안티오키아에 불러 교사의 일을 맡기면 큰 도움이 될 것 같군요."

마르코스 요안네스

유대와 베뢰아 지역의 작황은 날이 갈수록 나빠지고 있었다. 이드란 상회 유통망의 보고는 3년 6개월 동안 비가 내리지 않았던 엘리야 시대의 기근이 다시 올 것 같은 불길한 수치들을 보여주고 있었다.

"하나님께서 유대를 징계하시려는 건가?"

유대인들이 하나님의 아들을 자처하던 나사렛의 예수를 십자가에 못박은 후로 다시 14번째의 유월절이 다가오고 있었다.

"지진과 기근이 있으리라."

그가 말한 징조가 나타나고 있는 것인지도 몰랐다. 그러나 곡물의 수요는 계속 증가하고 있었다. 마르코스가 늘어나는 주문을 조정하느라 한창 바쁠 때 외삼촌 바나바가 마르코스를 찾아왔다.

"안티오키아로 언제 떠나십니까?"

"내일 떠나려고 한다."

그는 잠시 머뭇거리다가 용건을 말했다.

299

"마르코스, 너도 이제는 주님의 일에 나설 때가 되지 않았을까?"

바나바는 조카 마르코스가 안티오키아로 따라가서 그의 사역을 도와주면 좋겠다는 기대를 갖고 찾아온 것 같았다.

"외삼촌, 저는 아직……"

"마르코스, 너는 알렉산드리아에 가서 10년 동안이나 공부를 하고 돌아왔어. 그것도 주님께서 너를 쓰시려고 준비하셨던 것이 아닐까?"

그러나 마르코스는 그 말에 걸려들지 않았다.

"타르소스에 가 있다는 사울이란 사람도 훌륭한 학자라고 하니까 그와 동역하시면 큰 도움이 되실 겁니다."

"학문이 아니더라도 네가 도울 일은 많아."

"다락방집 아들이라는 것으로요?"

나사렛 예수가 그의 집 다락방에서 유월절 식사를 했다는 것은 그에 대한 어머니의 호의 때문이었고 그와는 아무런 관계도 없었다. 그날 밤 겟세마네까지 예수를 따라갔던 것도 어머니의 권고 때문이었다. 또 그 다락방에서 기도하던 제자들이 성령을 받은 것은 그가 집에 없을 때였다.

"그것에도 역시 하나님의 계획이 있지 않았을까?"

마르코스는 어깨를 추켜올렸다.

"저를 난처하게 했지요."

"왜?"

"가는 곳마다 사람들은 제가 그 다락방집의 아들이라는 것만으로 반가워했고 놀라와했지요. 저는 다락방집 아들이 아니라 마르코스 요안네스이고 나사렛 예수의 일이 아니라 장사의 길에 나선 사람이거든요."

"마르코스, 재물을 따라다니는 것은 헛된 일이야. 주님께서도 하나님과 재물을 겸하여 섬길 수 없다고 하셨어."

"겸하여 섬길 수는 없지만 재물을 외면하고 살 수는 없지요."

"무슨 말이야?"

"외삼촌, 저의 재물도 결국 외삼촌을 돕게 될 거예요."

"재물로 전도를 돕는다고?"

"나사렛 예수도 돈이 필요하게 될 테니까요."

"돈은 우상일 뿐이야."

"가나안 사람들이 만들어 냈기 때문에요?"

물건과 물건을 바꾸던 거래의 불편을 없애기 위해 화폐를 처음으로 만들어 사용한 것은 뛰어난 장사의 재능을 가지고 있던 가나안 사람들이었다.

"그들은 재물 때문에 저주를 받았지."

바나바는 두로를 저주한 에스겔 선지자의 말을 인용했다.

   네 큰 지혜와 장사함으로 재물을 더하고
   그 재물로 인하여 네 마음이 교만하였도다

"그러나 나사렛의 예수도 장사하여 이익을 남기라고 했거든요."

"그건 재능과 기회에 관한 말씀이었어."

나사렛의 예수는 종들에게 돈을 맡기고 떠난 주인의 예화를 두 번 말한 적이 있었다. 그 하나는 세 명의 종에게 각각 다섯 달란트, 두 달란트, 한 달란트를 맡기고 떠났다는 것이고 또 하나는 열 명의 종에게 똑 같이 한 므나씩을 주고 떠났다는 이야기였다.

"달란트는 재능, 므나는 기회라는 해석인가요?"

"그렇지."

"그러나 두 예화에서 모두 장사하여 이익을 남긴 종은 칭찬과 영광을 얻었고 그렇지 못한 종은 징계를 받았다면서요? 저도 제게 주어진 장사의 재능과 기회를 잘 활용하여 이익을 남기는 종이 되고 싶군요."

"그래서 재물의 길로 가겠다고?"

"장차 베다니 사람들의 살림은 물론이고 안티오키아나 다메섹도 돈 때문에 큰 곤란을 겪게 될 것 같은데요."

"무슨 말이야?"

"다락방 사건 이후로 모두들 들떠서 물건을 서로 통용하고 재산을 팔아 함께 생활을 해 왔다지만 그 방법에는 문제가 많았거든요."

"주님께서는 무엇을 먹을까, 무엇을 입을까 걱정하지 말라고 말씀하셨어. 공중의 새도 하나님께서 먹여 기르시고 들의 백합화도 그분께서 아름다운 것으로 입혀 주시니까."

하나님이 아브라함에게 주마고 약속한 땅은 비를 흡수하는 땅이라고 했던 모세의 기록이 생각났다. 항상 하나님께 기도하고 그분과 함께 일해야 그 땅은 젖과 꿀이 흐르는 땅이 될 것이라고 했던 것이다.

"그러나 외삼촌, 성령의 감동으로 함께 생활을 한다면 그 돈의 관리도 성령의 방법으로 해야 하는 것 아닌가요? 그러나 형제들의 성격과 개성이 모두 다르고 믿음도 다른데 그게 가능하겠습니까?"

"그래서?"

마르코스는 아가보 선지자에게서 들었던 말을 꺼냈다. 곡물 교역에 참고하기 위해 그를 찾아가 자문을 구한 적이 있는데 얼마 안 되어 온 천하에 큰 흉년이 들 것이라고 했던 것이다.

"아가보 선지자의 말을 들으셨지요?"

바나바가 고개를 끄덕였다.

"장차 천하에 큰 흉년이 있을 거라고 하더군."

"저 같은 장사꾼뿐 아니라 사도들께서도 흉년에 대비해야 할 겁니다. 제가 보니 베다니에서도 벌써 공동으로 사용하는 재산이 효율적으로 관리되지도 않고 절약되지도 않을 뿐 아니라, 쓰는 사람만 있고 버는 사람은 없는 것 같더군요. 모아 놓은 것을 다 쓰면 그 다음엔 어떻게 하지요?"

"공중의 새나 들의 백합화는 일을 하지 않거든."

"새나 꽃은 하나님을 거역한 적이 없기 때문에 일하라는 지시를 받은 적이 없거든요. 그러나 사람은 하나님의 말씀을 따르지 않아서 일하라는 명령을 받았어요. 얼굴에 땀이 흘러야 식물을 먹을 수 있으리라고."

"물론 일도 해야겠지."

"그렇다고 집단으로 똑같은 일을 시킬 생각은 하지 마세요. 주인이 종에게 준 달란트의 수가 다르듯이 하나님이 사람마다 주신 재능도 다르고 사명도 다르기 때문에 모두 똑같은 일을 할 수가 없거든요. 제 아버지가 장사의 길을 택하고 아폴로스의 부친이 건축 일을 했듯이."

"네 말투는 역시 레위 지파 출신답게 정확하구나."

외삼촌도 마르코스도 실은 모두 레위 지파 출신이었다.

"허지만 너무 걱정하지는 마세요. 제가 돈을 많이 벌게 되면 외삼촌과 그 이웃들을 도울 수도 있을 테니까요."

바나바는 밀린 일로 바쁜 그에게 더 이상 함께 가자는 말을 못하고 이튿날 구레네의 시몬과 함께 안티오키아로 떠났다. 마르코스도 모든 것 다 던지고 외삼촌을 따라가고 싶은 생각이 없지 않았다. 그러나 그는 아직도 젊었고 그의 마음속은 여전히 알렉산더와 옥타비아누스, 그리고 나사렛 예수의 꿈과 성취가 뒤엉켜 갈피를 잡지 못한 채 들끓고 있었던 것이다.

48

마르코스 요안네스

헤롯궁 맞은편에 이드란 상회의 새 사무소를 개설하고 십여 명의 종업원을 채용했는데도 마르코스는 늘어나는 거래 때문에 더욱 바빠지고 있었다. 알렉산드리아 본점의 다브네스는 곡물거래소의 베가조차 독단적으로 결정하기 어려운 큰 거래 때문에 잇따라 연락을 보내왔고 여리고의 클로리스와 카이사랴의 말론도 이미 계약했던 물량의 증가를 요구하고 있었다.

"아레스, 거기 있나?"

마르코스가 밖에 있던 아레스를 불렀다.

"네, 도미누스."

로마어로 도미누스는 종이 그 주인을 부르는 호칭이었다. 히브리어의 아도나이, 헬라어의 큐리오스도 그것과 같은 뜻인데 나사렛 예수를 따르는 사람들은 그를 주님이리고 부를 때 바로 그 말을 사용하고 있었다.

"그냥 아저씨라고 부르지 그래."

"나사렛의 예수와 동급이 될까 봐 겁나십니까?"

"십자가에 매달리는 것은 질색이거든."

"그래도, 장차 지중해의 상권을 장악할 이드란 상회의 대표가 되시려면 그 정도의 호칭은 사양하지 않고 받으셔야지요."

"지중해는커녕 아직 다윗의 땅도 다 거머쥐지 못했어."

"그럴 날이 곧 오겠지요."

"사마리아 지역은 상황이 어떤가?"

유대 지역과 베뢰아 쪽의 거래가 폭증하여 그는 아직 사마리아 지역의 수급 상황을 직접 챙기지 못하고 있었다.

"수요는 많이 늘고 있습니다만, 역시 강도가 들끓고 있군요."

"크라투스가 잘 해 주고 있어?"

"일은 잘 합니다만……"

"왜?"

"코넬리우스의 집에서 성령을 받은 후로 사람이 너무 물렁해져서."

무슨 뜻인지 짐작할 만 했다. 경호 업무라는 것은 위험한 존재나 집단이 눈에 띄면 가차 없이 치고 처단해야 하는데 그가 나사렛 예수를 따르게 되었다면 오른편 뺨을 치는 자에게 왼편 뺨을 돌려댈 수도 있겠기 때문이었다.

"율리아도 피데스에 관계하고 있대?"

"관계가 없는 것 같던데요."

"그럼 왜 로마로 가지 않고 남아 있는 거야?"

"그것이……"

"왜?"

"혹시 아저씨한테 마음을 두고 있는 건 아닐까요?"

"내가 아니라 나사렛 예수에 마음을 두고 있는 것 같더군."

아레스가 슬쩍 웃으며 주인의 눈치를 살피다가 그에게 물었다.

"크라투스에게 직접 들어보시겠습니까?"

"무슨 말이야?"

"실은…… 크라투스가 지금 밖에 와 있습니다."

"그래?"

"들어오라고 할까요?"

"오래간만인데 한번 만나봐야겠군."

그러고 보니 카이사랴에서 율리아와 크라투스를 만난 후로 벌써 한 해가 지나가고 있었다.

"또 유월절이 다가오고 있으니까요."

"그렇군."

마르코스는 또 그 날의 일을 떠올렸다. 나사렛의 예수가 십자가에 못박힌 후 다시 14번째의 유월절이 다가오고 있었다.

"안녕하셨습니까?"

크라투스 필롤로구스가 들어오며 인사를 했다. 그는 여전히 유대인의 베게드를 입고 있었다.

"어서 오게, 크라투스. 자네한테는 날렵한 투니카가 더 어울리는 것 같았는데."

"신비감은 덜 하지요."

두 사람은 서로 마주보며 웃었다. 온 몸을 치렁치렁 감싸는 유대인의 베게드는 이것저것 뭔가를 많이 감추고 있는 것처럼 보였던 것이다.

"아레스의 말로는"

마르코스가 그에게 차를 권하며 입을 열었다.

"자네가 요즘 나사렛의 예수 때문에 많이 물컹거린다고 하던데."

"그렇다고 권세가 없는 것은 아니지요."

"그래?"

"성전의 장사꾼들을 채찍으로 몰아내신 일도 있지 않습니까?"

"난 성전에서 장사하지는 않아."

"그래서 제가 돌봐드리는 것 아니겠습니까?"

말솜씨가 제법 늘었다고 느끼며 마르코스는 묻고 싶은 것을 물었다.

"안티오키아에는 언제 갔었지?"

"거기서 오는 길입니다."

"내 외삼촌은 잘 하고 계시겠지?"

"타르소스에서 사울이라는 분을 모셔온 후로 안티오키아 교회는 더욱 활발해지고 있습니다. 특히 사울은 율법서와 시편과 선지자들의 글을 인용하여 나사렛 예수가 그리스도이심을 가르치는데 많은 헬라인들이 믿을 뿐만 아니라 또 밖에 나가서 전파하여 믿는 자의 수가 많아지고 있습니다."

"사역자들도 많아졌겠군."

"그렇습니다. 예루살렘에서 파송한 시몬과 구레네의 루키오스 그리고 헤롯 안디바와 함께 자랐다는 마나엔 등이 활동하고 있지요. 구레네 시몬의 아들 알렉산더와 루포도 있고 그 모친 마리아와 그리고……."

"그리고?"

듣고 싶었던 이름을 아레스가 대신 꺼냈다.

"율리아 아가씨도 교회를 열심히 섬기고 있지요."

크라쿠스의 말에 마르코스가 그를 바라보며 한 번 더 확인을 했다.

"자네와 함께 일했던 그 율리아가 말인가?"

"그렇습니다."

그녀가 교회를 잘 섬기고 있다면 일단 안부는 파악이 된 셈이었다. 마르코스 자신이 31세가 되었으니 그녀도 혼기를 많이 넘겼을 터이므로 혹시 남자가 생겼는지를 묻고 싶었는데 아레스가 앞질러 말했다.

"율리아 아가씨는 아직도 독신이라네요."

마르코스의 얼굴이 좀 상기되었다. 크라투스가 어색한 국면을 바꾸기 위해 화제를 다른 곳으로 돌렸다.

"그리고……."

"또 뭔가?"

"나사렛 예수를 따르는 사람들에게 새로운 호칭이 생겼지요."

"새로운 호칭?"

"그리스도인, 즉 크리스티아누스라는 호칭입니다."

로마어로는 그리스도를 크리스투스라고 했다. 그러므로 크리스티아누스란 그리스도를 따르는 자들이라는 뜻이었다.

"그럼 크리스티아누스의 집단은 크리스티아니인가?"

"네, 그렇습니다."

그것은 군대에서 만들어 쓰는 용어였다. 폼페이의 군사들을 폼페이아니, 황제의 군사들을 카이사리아니라고 불렀던 것이다. 그러므로 크리스티아니라고 하면 그리스도의 군사들을 의미하는 것이었다.

"그런 호칭은 장차 로마 제국의 신경을 건드리겠군."

"그들에게는 칼도 창도 없는걸요."

"말씀의 검이 있지 않은가?"

거기까지 듣고 있던 아레스가 다시 끼어들었다.

"수리아 지역의 판매망은 어떻게 하실 겁니까? 이제 이드란 상회도 더 이상 안티오키아를 제쳐 놓을 수가 없을 것 같은데요."

크라투스도 그의 의견에 동조했다.

"군사적으로든 또는 복음의 기지로서든 안티오키아는 중요한 거점이 될 수 있습니다. 이드란 상회도 안티오키아 진출을 서두르시는 것이 좋을 것 같습니다."

마르코스가 고개를 끄덕였다.

"그 때가 오고 있어."

그는 아레스가 정리한 보고서와 사마리아 지역의 거래 현황표를 한 번 더 훑어보고 나서 그에게 일렀다.

"생산과 소출이 적은데 수요가 늘고 있는 것은 대금 회수에 문제가 생길 수 있다는 뜻이야. 가급적 외상 거래를 줄이고 대금 회수가 안되는 경우에는 담보물 처리를 신속하게 진행하도록."

"알겠습니다."

"모든 거래에서 나오는 이득은 정확하게 계산되고 있나?"

"네, 도미누스."

"이드란 상회의 모든 거래에서 나오는 이익에 대해서는 반드시 십일조를 계산해서 베다니의 빌립 사도에게 헌납하도록."

십일조는 본래 성전에 가져다 내는 것이었다. 그러나 그의 부친이 그랬듯이 마르코스도 그것을 성전에 내고 싶은 마음이 전혀 없었다.

"너무 많지 않을까요?"

"말라기 선지자의 글을 아직 못 읽었어?"

"네?"

말라기는 나사렛의 예수가 태어나기 약 450년 전에 활동했던 선지자였다. 마르코스는 그가 십일조에 대해서 써 놓은 대목을 아레스에게 들려주었다.

"만군의 여호와가 이르노라. 너희의 온전한 십일조를 창고에 들여 나의 집에 양식이 있게 하고, 그것으로 나를 시험하여 내가 하늘 문을 열고 너희에게 복을 쌓을 곳이 없도록 붓지 아니하나 보라."

마르코스가 거기까지 말했을 때 갑자기 한 처녀가 안으로 뛰어들어왔다.

"로데? 너 어쩐 일이냐?"

그녀는 모친의 집에서 온 로데였던 것이다.

"큰 일이 생겼어요."

"어머니에게 무슨 일이?"

로데가 고개를 가로 저었다.

"야고보님이 헤롯궁의 병사들에게 잡혀 가셨어요."

"어느 야고보가?"

베다니에 함께 기거하는 제자들 중에는 세 명의 야고보가 있었다. 나사렛 예수의 아우인 야고보와 세배대의 아들인 요한의 형 야고보, 그리고 레위의 아우인 작은 야고보가 있었던 것이다.

"세배대의 아들인 야고보님이……"

"뭐라구?"

마르코스의 얼굴이 굳어졌다. 사도들 중에서도 성미 급하기로 이름난 사람이 바로 세배대의 아들 야고보였다. 헤롯 아그립바 왕이 갑자기 그를 잡아들였다면 뭔가 큰 사고를 낸 것임에 틀림없었다.

"아레스, 헤롯궁에 손쓸만한 인맥이 좀 있어?"

"재무를 맡은 자가 있기는 한데."

"크라투스, 자네는?"

"보안대 시절에 정보를 주고받던 군관들이 좀 있습니다만."

"급히 찾아보고 좀 도와주게."

그는 다시 아레스에게 지시를 했다.

"백방으로 찾아서 손을 써 봐. 뇌물을 주더라도."

"그래도 되겠습니까?"

일이 다급하니까 레위 지파 출신인 그의 입에서 뇌물 이야기까지 나왔다. 율법서에는 뇌물을 주거나 받지 말라고 적혀 있던 것이다.

"사람을 죽이기 위한 뇌물은 가증하나 살리기 위한 뇌물은 무방하다."

"율법서의 어디에 그런 말씀이 나옵니까?"

"마르코스 요안네스의 말이니라."

마르코스 요안네스

 클라우디우스 황제의 신임으로 유대 왕의 자리를 지키는 데는 성공했으나 헤롯 아그립바의 정치적 입장은 그리 안정적이지 못했다. 전 황제 칼리굴라를 제거한 군부의 실세들이 그의 단짝 친구였던 아그립바를 곱게 보지 않았고, 황제의 측근들도 그를 완전히 신임하고 있지 않았다. 그래서 카이사랴에 파견된 이탈리아 부대가 그를 줄곧 감시하고 있었던 것이다.
 "특히 로마가 주목하는 것은 유대인의 민심입니다."
 크라투스가 말했다.
 "유대인의?"
 "아그립바 왕보다는 유대인의 선동력에 더 신경을 쓰는 거지요."
 로마의 속주 중에서 폭동 사건이 가장 많이 발생한 나라가 유대였다. 또 다른 나라에서 일어난 시위나 폭동의 원인과 배후에도 역시 유대인이 관계되어 있거나 그들이 선동 또는 조종한 사건이 많았다.

"나사렛 예수의 제자들은 폭동을 일으킨 적이 없는데."

"그들 때문이 아니라 유대인 때문입니다."

"뭐라고?"

"아그립바 왕은 자신과 유대인의 관계가 우호적임을 과시할 필요가 있습니다. 즉 로마의 신뢰를 얻으려면 그에 대한 유대인의 신임이 절대적인 것을 보여 주어야 하는 것입니다."

"그런데 왜 야고보를?"

"아시다시피 유대인의 지도자들은 성전을 장악하고 있는 사두개파와 율법의 권위를 대표하고 있는 바리새파 출신들인데 그들 모두가 나사렛 예수의 추종자들을 미워하고 있습니다. 즉 아그립바 왕은 유대인들의 호감을 얻기 위해 나사렛 예수의 제자들 중 일부를 처단하려는 것입니다."

그 때 헤롯궁에 들어갔던 아레스가 돌아왔다.

"아레스, 어떻게 되었나?"

마르코스는 아레스를 헤롯궁에 들여보내 이드란 상회의 대표 자격으로 아그립바 왕과의 면담을 신청했던 것이다.

"일단 실라스 장관을 먼저 만나보세요."

크라투스가 고개를 갸웃거렸다.

"실라스를?"

마르코스가 크라투스의 표정을 살피며 그에게 물었다.

"적절한 경로가 아닐 것 같은가?"

"그는 아그립바를 별로 탐탁지 않게 여기는 인물입니다. 일단 이용해볼 수는 있으나 아그립바를 이롭게 하는 일에는 협력하지 않을 것이므로 대화할 때 겉과 속을 잘 조절해야 할 것 같군요."

마르코스는 자리에서 일어섰다.

"그래도 할 수 있는 방법은 다 써 봐야겠지."

그는 나가려다 말고 다시 크라투스를 돌아보았다.

"아, 크라투스."

"네."

"자네에게 부탁할 일이 있네."

"말씀하십시오."

"아그립바 왕이 사두개파와 바리새파의 호감을 얻기 위해 나사렛 예수의 제자들을 치려 한다면 야고보 한 사람으로 끝나지 않을 것 같군. 저들의 표적이 될 만한 사람들을 우선 도피시켜야 할 것 같은데."

"알겠습니다."

"우선 예수의 모친이신 마리아님을 피신시켜야 하네. 야고보와 형제간인 요한도 표적이 될 수 있으니 함께 피신하는 것이 좋을 거야."

마르코스가 모친에게서 들은 바에 의하면 나사렛 예수는 십자가에 달려 있을 때 거기까지 찾아온 요한에게 어머니를 부탁한다는 말을 남겼다. 어차피 예수의 모친과 요한은 행동을 함께 해야 할 것 같았다.

"안티오키아로 모실까요?"

그곳에 가면 율리아가 그들을 보살펴 줄 수 있을 것이었다.

"그것이 좋겠군."

마르코스는 급히 나가다가 한 마디를 더 보탰다.

"베다니에 있는 사도들과 집사들 중에서도 유대인들에게 이

315

름이 알려진 분들은 일단 모두 몸을 숨기라고 일러 주게."

"알겠습니다."

마르코스는 아레스와 함께 상회를 나서서 헤롯궁으로 향했다. 일부러 헤롯궁 가까운 곳에 사무소를 열었기 때문에 거리는 얼마 되지 않았다. 왕궁에 늘 드나들었던 아레스는 경비병들에게 고개를 끄덕여 보이면서 바로 정문을 통과했다. 그들은 곧장 군대장관 실라스의 집무실로 향했다. 미리 연락이 되어 있었는지 집무실의 근무병이 부동자세로 그들을 맞았다.

"장관께서는?"

"기다리고 계십니다."

마르코스와 아레스가 들어서자 실라스 장관이 자리에서 벌떡 일어서며 그들을 맞았다.

"어서 오시오, 프리무스."

그는 마르코스가 처음 들어보는 경칭을 썼다. 로마어로 프리무스는 헬라어의 프로토스, 즉 큰 조직의 수장을 의미하는 말이었다.

"만나 주셔서 감사합니다, 각하."

그가 권하는 자리에 앉으며 마르코스도 경의를 표했다. 실라스는 마르코스의 부하를 칭찬하는 예의도 잊지 않았다.

"아주 유능한 수하를 두셨더군요."

"감사합니다."

실라스 장관의 치하는 좀 더 계속되었다.

"이드란 상회가 유대와 베뢰아의 곡가 안정에 큰 기여를 했다고 들었습니다."

"고향을 위해 할 일을 한 것뿐이지요."

"그런데, 오늘 저를 찾아오신 목적은 무엇입니까?"

마르코스가 잠시 사이를 두었다가 입을 열었다.

"제 장사 일에 좀 도움을 주십사고."

"제가 도움을요?"

"아시다시피 장사꾼은 자기 물건을 구입하는 모든 고객들을 공평하게 상대해야 합니다. 예를 들어 유대에서는 유대인들의 구매력도 중요하지만 또 나사렛 예수를 따르는 자들도 무시할 수 없지요."

"그렇겠군요."

"특히 나사렛 예수의 추종자들은 재산을 모아 서로 통용하며 공동체 생활을 하고 있습니다. 그러므로 그 공동체의 구매를 결정하는 인물들이 제 입장에서는 큰 고객이 되는 것입니다."

"그래서요?"

"그런데 오늘 나사렛 예수의 제자 중 하나인 야고보라는 인물이 왕명에 의해 체포되었고 그들이 헤롯 왕실과 특별한 거래 관계가 있다고 생각하는 저에게 석방 탄원을 요청해 왔습니다."

이드란 상회가 헤롯 왕실과 특별한 거래가 있다고 한 것은 사실이었다. 그동안 유대와 베뢰아의 판매망을 정비하면서 이드란 상회는 헤롯궁의 왕실과 중요 인물들에게 은밀한 이득을 제공해 왔던 것이다. 그리고 그들 중에는 군대장관 실라스도 물론 포함되어 있었다.

"야고보라고 했습니까?"

실라스의 얼굴에 어두운 그늘이 스쳐갔다.

"그렇습니다. 유대인에게는 같은 이름이 많아서 그들 공동체에 여러 명의 야고보가 있습니다만 이번에 체포된 야고보는 나사렛 예수의 열 두 제자 중 하나였고 가버나움의 선주 세배대의 아들입니다."

세배대는 아직도 가버나움의 유력한 선주였다.

"참으로 유감입니다만, 프리무스."

"네, 각하."

크라투스가 말했던 대로 실라스는 자신의 불만을 토로했다.

"아그립바 왕은 참으로 무리한 일을 하고 있습니다. 유대인의 민심이 자신의 자리를 지켜줄 것이라고 믿으나 내가 보기에는 지금 전국에 퍼져 있는 나사렛 예수의 추종자도 적은 숫자는 아니거든요."

"그렇습니다, 각하."

"지금 아그립바 왕은 자신의 종말을 재촉하고 있습니다."

마르코스는 얼른 그의 말에 맞장구를 쳤다.

"그것을 막아야 하지 않겠습니까?"

그렇게 말해 놓고 마르코스는 자신이 실수한 것을 깨달았다. 실라스는 아그립바의 종말을 기다리는 사람이었고, 그렇다면 왕이 무리한 일을 거듭하여 추락하게 되도록 방관하는 입장일 것이었다.

"사람이 무슨 수로 운명을 막겠습니까?"

마르코스는 얼른 말을 돌려서 다시 그를 설득했다.

"그러나 각하, 나사렛 예수의 추종자들이 크게 많아지고 있다면 아그립바 왕의 뒤를 이을 지도자에게도 그들의 호의와 지지가 필요하지 않을까요?"

그의 말은 실라스의 야심을 노린 것이었다. 아그립바 왕의 뒤를 이을 지도자는 실라스가 될 수도 있다는 의미였던 것이다. 실라스가 잠시 생각에 잠겨 있는 듯 하더니 밖에 있는 근무병을 불렀다.

"세리우스."

근무병이 들어와 복명했다.

"네, 각하."

"오늘 잡아들인 야고보라는 자의 신병을 이분께 내어드리게."

"네, 알겠습니다."

마르코스가 일어서며 진심으로 감사를 표했다.

"감사합니다, 각하. 이 은혜를 결코 잊지 않겠습니다."

장관에게 다시 경의를 표하고 그의 집무실에서 나온 마르코스와 아레스는 궁정의 뜰을 건너오는 세 명의 병사를 보았다. 그들 중 두 명은 늘어진 사람의 팔과 다리를 각각 잡았고 또 한 명은 손에 무엇인가를 들고 있었다. 그들이 가까이 다가오자 상황을 짐작한 아레스가 신음하듯 중얼거렸다.

"야고보 사도가……."

세 명의 병사들은 피투성이가 된 사람의 몸뚱이와 또 무엇인가를 그들 앞에 던져 놓고 돌아가 버렸다. 아레스가 먼저 달려가 던져진 것들을 살펴보더니 마르코스를 바라보며 부르짖었다.

"사도께서 참수를 당했습니다."

"뭐라구?"

급히 달려가서 칼로 난자된 야고보의 몸뚱이와 던져져 있는 그의 수급을 들여다보던 마르코스가 고개를 돌려 군대장관의 집무실 쪽을 노려보았다. 실라스는 이미 야고보가 참수당한 것을 알고 있었던 것이다.

"실라스……"

그러나 아레스가 더 큰 소리로 부르짖었다.

"저기 좀 보세요, 게바님이!"

마르코스가 놀라며 아레스가 가리키는 쪽을 바라보았다. 게바가 헤롯의 병사들에게 체포되어 끌려 들어오고 있었던 것이다. 게바는 크라투스가 베다니에 미처 당도하기도 전에 이미 병사들에게 체포된 모양이었다. 마르코스가 그 쪽으로 달려가며 큰 소리로 외쳤다.

"아니, 어찌 된 일입니까?"

그러나 게바는 의외로 침착했다.

"걱정 말게. 주님께서는 이 세대가 지나가기 전에 다시 오신다고 하셨어."

그는 야고보의 시신과 수급을 발견하고 그 쪽으로 발길을 옮겼다.

"오시기 전에 이런 일이 있을 것도 말씀하셨지."

게바의 눈이 하늘을 향했다.

"주여, 야고보의 영혼을 받으시옵소서."

(2권에 계속)